Polyglott-Reiseführer

Oberbayern

Karin Baedeker

Polyglott-Verlag München

Langenscheidt Mini-Dolmetscher Bairisch

Allgemeines

Guten Tag, Grüß Gott.	Griasgood.
Guten Abend.	'N Āmd.
Gute Nacht.	Guadnōchd.
Hallo!	Hä!
Wie geht es Ihnen/Dir?	Wia gäds Eana, wia gäds Da?
Danke, gut.	Dānggschee, guad.
Auf Wiedersehen.	Auf Wiedaschaung.
Tschüs.	Pfiagood, seawus.
Bis bald.	Auf boid.
Vielen Dank für alles.	Saggrischn Dāngg fia ois.
Es hat uns sehr gefallen.	Es hōd uns sea guad gfoin.
Wie heißen Sie/heißt Du?	Wia hoassns? Wia hoasdn?
Verstehen Sie Bairisch?	Vaschdengas Boarisch?
Wie heißt das?	Wia hoasd des?
Wie bitte?	Wōs? (Ha?)
Was bedeutet das?	Wōs bedeidd des?
Bitte.	Biddschee.
Danke/vielen Dank.	Vagäidsgood, saggrischn Dāngg.
Entschuldigung/entschuldigen Sie	Tschuidigung/ Tschuidigns (Kurzform: Öha, Oha)

Unterkunft

Gibt es hier ein gutes/ einfaches Hotel einen gemütlichen Gasthof	Gibds dō a guads/ oafachs Hodäi an gmiadlichn Gasthof
eine Pension in ruhiger Lage?	a Bension wo's ruig is?
Ich habe ein Zimmer reserviert.	I hōb a Zima resawiad.
Das Zimmer ist schön/in Ordnung.	Des Zima is schee/ des Zima haud scho.
Das Zimmer gefällt mir nicht.	Des Zima gfoidma need.
Das Zimmer ist schmutzig/ zu laut.	's Zima is dreggad/ z'laud.
Wir haben kein (warmes) Wasser.	Mia hām koa (wārms) Wāssa need.
Ich reise (wir reisen) morgen (heute) ab.	I roas (mia roasn) morgn (heid) ō.
Es hat uns (sehr) gefallen.	Es hōd uns (narrisch) guad gfoin.
Haben Sie Platz für ein Zelt / einen Wohnwagen / ein Wohnmobil?	Hāms an Blōz fia a Zäid / an Wohnwōgn / a Wohnmobui?
Wann wird nachts das Tor geschlossen?	Wānn werd auf d'Nōchd 's Doa zuagmāchd?

Einkaufen

Wo gibt es ... ?	Wo gibds ...?
Wo bekomme ich ...?	wo griag i...?
Wieviel kostet das?	Wiavui kosd des?
Das ist zu teuer.	Des is (z')deia.
Das gefällt mir (nicht).	Des gfoidma (need).
Haben Sie etwas anderes/ Preiswerteres/ Größeres/Kleineres?	Hams need wōs āndas/Breisweadas/Gräss as/Gloanas? Fremdsprache
Wo ist der nächste Geldautomat/die nächste Bank?	Wo is da naxde Gäidauddomad/de naxde Bāngg?
Ich möchte/ Geben Sie mir bitte ein Stück Käse/ein (halbes) Kilo Schnupftabak/ eine Flasche Parfüm für meine Freundin.	I mächd/Gemsma biddschee a Schdiggl Kaas/a (hoibs) Kilo Schmä (Schmoizla)/a Flaschn schmegads Wāssa fia mei Deandl.
Etwas mehr/weniger bitte.	Ebbas mera/weniga biddschee.
Lassen Sie es so!	Lōssnses so! (Haud scho!)
Ich hätte gerne eine Landkarte von Bayern/	I häd gean a Landkarddn vo Baian/
einen Stadtplan von München/	an Schdodblan vo Mingga/
einen Reiseführer von Polyglott	an Roasfiara vo Boliglodd

Notfälle

Rufen Sie bitte (sofort) die Polizei/die Feuerwehr/ einen Notarzt/ einen Krankenwagen/den Pannendienst!	Ruafans biddschee (schleinigsd) d'Bolizei/d'Feirawea/an Nodarzd/an Grānggnwōgn/an Pānnadeansd!
Wo ist das nächste Polizeirevier?	Wo is des naxde Bolizeirewia/de naxde Schandarmarie (= Gendarmerie)?
Können Sie mir helfen?	Kenasma häifn?
Ich bin nicht schuld.	I bi needa schuid.
Damit habe ich nichts zu tun.	Mid dera Gschichd hōwe nix z'doa.

Essen und Trinken

Wo gibt es hier ein gutes/ preiswertes Restaurant	Wo gibds dō a guads/ breiswerds Resdara
ein nettes/ bayerisches Lokal	a nedde/boarische Wiadschāfd
mit einheimischer Küche	mid boarischa Kich
ein gutes Café?	a guads Kaffä?
Herr Ober/ Bedienung, bitte!	Herr Owa/Freilein, biddschee!
Die Tageskarte bitte!	Wōs gibd's heid bsundas? (= Was gibt es heute an Tagesgerichten?)
Was empfehlen Sie mir?	Wōs embfäins ma?
Ich möchte/Ich nehme	I mächd/i nim
eine (keine) Suppe	a (koa) Subbm
Was sind die für die Region typischen Gerichte?	Wōs essn dō de Eiheimischn fia Sācha?
Zu trinken möchte ich/ möchten wir, bitte	Z'dringga mächd i/ mächdn mia, biddschee
ein halben Liter Bier	a Hoibe/a Häis (= Helles)
eine Maß Bier	a Māss
ein Weizenbier	a Weissbia/Woazn
ein dunkles Bier	a Dunggäs
ein Radler	a Radla (= halb Bier, halb Zitronenlimonade)
Rotwein/ Weißwein	an Roudn/Weissn
eine Flasche Champagner	a Flaschn Schambaninga
Mineralwasser	a hubfads Wāssa
Zahlen/die Rechnung bitte!	Zoin/d'Rechnung biddschee!

Besichtigung

Gibt es hier ein Fremdenverkehrsamt / eine Informationsstelle/	Gibds dō a Fremdnvakehrsāmd / a Informazionsschdäi
Haben Sie einen Stadtplan?/	Hāms an Schdōdblān
ein Hotelverzeichnis?	a Hodäivazeichnis?
Können Sie für mich ein Zimmer reservieren?	Kenasma a Zima resawian?
Wann ist die Ausstellung/ das Museum geöffnet?	Wānn is d'Ausschdäiung/ 's Musäum offn?
1/2 Karten bitte, für Erwachsene/ Kinder.	Oa/zwoa Karddn biddschee, fia Eawaxene/Kinda.
Was für ein Gebäude/Denkmal/Schloss/ Berg ist das?	Wōs fiara Gebeide/Denggmoi/ Schloos/Beag is nacha des?
Wieviel kostet die Fahrt nach Großdingharting?	Wiavui kosd d'Fahrd noch Grousdingharting?
Bitte zwei Plätze für den Ausflug nach Schneizlreuth, heute/morgen/ um 10 Uhr.	Biddschee zwoa Bloz fian Ausfluag noch Schneizlreid, heid/morgn/um zehne.
Sind noch Plätze frei?	San no Bloz frei?
Ist das Essen/sind die Eintrittspreise extra zu bezahlen?	Is's Essn/sand Äidriddsbreis exdrig zum zoin?
Besichtigen wir auch das Wolpertingermuseum?	Schaugnma aa as Woibbadingamusäum o? (Wolpertinger: ein oberbayerisches Fabeltier, das noch keiner gesehen hat, dessen Existenz aber als gesichert gilt)

INHALT

Allgemeines

Städtebeschreibung

An der bayerischen Landeshauptstadt kommt man als Besucher Oberbayerns fast nicht vorbei ... aber wer würde auch schon diese Stadt versäumen wollen?

Routen

Route 1

Viele Münchner verbringen hier ihre Freizeit. Doch selbst in dieser so beliebten wie belebten Region lassen sich stille Winkel entdecken . . .

Route 2

Fast nirgendwo sonst in Bayern gibt es so viele eindrucksvolle Baudenkmäler – ob weltlicher oder kirchlicher Art.

Routen

Bildnachweis

Alle Fotos Marlis Kappelhoff, außer: Archiv für Kunst und Geschichte, Berlin: 15/1, 21/2. Bildarchiv Steffens/Helmut Beyerlein: 41/1, Umschlag Rückseite (Bild 2). Bildarchiv Steffens/Ladislav Janicek: 49/3, 83/2. Bildarchiv Steffens/Pieter Jos van Limbergen: 7/1, 89/1, 91/2. edition Vasco/Titus Müller: 31/2. edition Vasco/Carolin Schmitt: 41/2, 59/2. Foto Beck: 6, 7/2, 9/2, 17/3, 53/1-2, 55/1+3, 57/1, Umschlag Rückseite (Bild 1). Nicole Häusler: 47/1, 49/2. Herbert Hartmann: 35/3. Volkmar Janicke: 55/2, 77. Gerold Jung: 51/3, 71/1, 73/3, 83/1. Kurdirektion Berchtesgaden: 25/1. Martin H. Petrich: 25/2-3, 35/1. Gregor M. Schmid: 33/3, 39/2, 61/1. Walter Storto: 1, 23/3, 53/3, 63/1. Rainer Binder: Umschlag (Bild). Superbild/Bernd Ducke: Umschlag (Flagge).

Editorial

Oberbayern gehört zu den beliebtesten Ferienregionen in Deutschland. Wie kaum ein anderes Urlaubsgebiet ruft es Klischeevorstellungen wach – von Almwiesen, Alpenglühen und Heimatabenden bis hin zu immerwährender Oktoberfeststimmung; und wer denkt bei Land und Leuten nicht an Trachtenumzüge, fesche Dirndln und schuhplattelnde Burschen in Lederhosen?

Eine heile Welt also, in der die Zeit stehengeblieben ist? Mitnichten. Oberbayern ist eine Industrieregion mit städtischen Ballungszentren und deren hinlänglich bekannten Problemen, und auf dem Land hört das Leben in und mit der Natur da auf, wo der Massentourismus seinen Tribut fordert. Die Beliebtheit Oberbayerns lässt sich damit erklären, dass es jenseits der Klischees alle Erwartungen übertrifft. Erholungsuchende wie Kunstinteressierte kommen gleichermaßen auf ihre Kosten – mit fast 200 Seen ist Oberbayern ein Wassersport-Eldorado, nicht zu reden von den Bergen für gemütliche Wanderer und geübte Kletterer; enorm ist die kulturelle Vielfalt der Sehenswürdigkeiten – Burgen, Schlösser, Residenzen, Rokokokirchen und Klöster.

Was aber vor allem Oberbayern so anziehend macht, das sind die Menschen, die es von jeher verstanden haben, dem Leben seine genüsslichen Seiten abzugewinnen. Man denke nur an die schöne Einrichtung des Biergartens oder die bunten wie frommen Feste, die keineswegs nur deshalb ausgerichtet werden, weil die Touristen das gerne sehen ...

Die Bergwelt bei Garmisch-Partenkirchen

Die Kreuzbergkapelle zu Wessobrunn bei Weilheim

Winterlandschaft bei Klais

Die Autorin

Karin Baedeker wurde 1958 in München geboren, studierte Kunstgeschichte und arbeitet seitdem im Tourismus: zunächst als Kunst- und Stadtführerin, seit 1992 beim Münchner Fremdenverkehrsamt.

Glückliche Mischung aus Tradition und Moderne

Lage und Landschaft

Oberbayern ist der größte der sieben bayerischen Regierungsbezirke. Im Süden und Osten grenzt es an Österreich, im Westen an Schwaben, im Norden an die Regierungsbezirke Mittelfranken und Oberpfalz, im Nordosten an den Regierungsbezirk Niederbayern. Landschaftlich gesehen wird es im Süden von den nördlichen Kalkalpen mit der Zugspitze bei Garmisch und dem Watzmann bei Berchtesgaden als den beiden höchsten Erhebungen begrenzt, von Osten nach Westen erstreckt sich Oberbayern zwischen Salzach und Lech, und im Norden geht es keilförmig über Ingolstadt und die Donau hinaus bis zum Altmühltal und den Jurahöhen.

Mit dem Klischee der „oberbayerischen Bilderbuchlandschaft" verbindet man in erster Linie das Alpenvorland, das besonders amerikanische Touristen mit Oberbayern schlechthin gleichsetzen, obwohl es kaum ein Fünftel der Landesfläche ausmacht. Saftige Wiesen, steile Felsmassive, tiefgründige Seen, aber auch wellige Moränenhügel und Ebenen machen die unterschiedlichen Gesichter der oberbayerischen Landschaft aus. Da sind die hochalpinen Regionen von Karwendel, Wetterstein und Berchtesgadener Alpen, die vorgelagerten Waldgebirge wie die Ammergauer oder Chiemgauer Alpen, die ausgedehnten Moore und über 100 Seen des Voralpenlandes, die Hopfenfelder der Hallertau im Nordosten oder das Altmühltal mit seinen ausgewaschenen Felsen und urzeitlichen Korallenriffen. Geformt wurde die oberbayerische Landschaft im Tertiär vor rund 70 Millionen Jahren, als die Kalkalpen entstanden, ein erdgeschichtlich relativ junges Gebirge. In der Eiszeit des Quartär vor 600 000 bis 12 000 Jahren frästen sich riesige Gletscherströme in das Land hinein und schaufelten mit ihren Schottermassen die Moränenhügel auf. Ihr Schmelzwasser grub die tiefen Einschnitte der Flüsse, und wo das Wasser nicht abfließen konnte, blieb es in Form von Seen zurück.

Klima

Ein etwas raueres Klima als in den weiter nördlich gelegenen Landstrichen herrscht in den Berg- und Vorgebirgsregionen, die auch niederschlagsreicher sind, weil sich die Regenwolken, meist aus nordwestlicher Richtung, am Alpenhauptkamm stauen (im Berchtesgadener Land: bis zu 2000 mm im Jahr; im Vergleich München: 1000 mm).

Die Temperaturen schwanken zwischen Tag und Nacht, Sommer und Winter sowie innerhalb einer Jahreszeit erheblich. Mit Temperaturstürzen (in wenigen Stunden Abkühlung um 10–15 °C) und plötzlichen Wetterumschlägen mit starkem Regen muss man immer rechnen. Daher empfiehlt es sich, längere Wanderungen nicht ohne Pullover oder

Föhn

Ein Klimaphänomen sind die Föhneinbrüche, bei denen stark erwärmte Luft von Süden her über den Alpenhauptkamm kommt und als Fallwind durch die Täler streicht, bis über München hinaus und manchmal sogar bis zur Donau. Den tiefblauen Föhnhimmel überziehen meist feder- oder schlierenartige Wolken, und es herrschen so milde Temperaturen, dass man selbst im Winter noch im Freien sitzen kann. Der Föhn verursacht nicht selten Kopfweh und Kreislaufbeschwerden.

Anorak im Rucksack zu unternehmen. Trotz des oft wechselhaften Wetters haben besonders Sommer und Herbst ihre Schönwetterperioden. Im Oktober herrschen tagsüber dann noch sommerliche Temperaturen, während die klaren Nächte schon empfindlich kühl sind.

Das Münchner Glockenspiel hat stets internationales Publikum

Natur und Tourismus

In den Naturschutzgebieten und in den unzugänglichen Teilen des Nationalparks Berchtesgaden gedeiht die unter Artenschutz stehende charakteristische Flora und Fauna – Enzian, Felsaurikel, Alpenveilchen und Edelweiß, um nur einige Pflanzen zu nennen, zudem Gams, Steinadler, Auerhuhn und Murmeltier. Bis 1500 m Höhe wachsen Bergahorn und Buchen, dann geht die Vegetationszone über in Nadelwälder aus Bergfichten, Lärchen und Zirben. Moorgebiete wie das Murnauer Moor weisen ebenfalls eine ungewöhnliche Vielfalt von schützenswerten Pflanzen und Tieren auf, u. a. Rosmarinheide, Sonnentau, Wollgras; mit etwas Glück entdeckt man Fischadler oder den Großen Brachvogel. Die fischreichen oberbayerischen Seen haben sich dank der Ringkanalisationen erholt, wenn sich auch in den Buchten des Chiemsees, wo der Wasseraustausch gering ist, die Düngereinschwemmungen der Landwirtschaft auswirken. Der Königssee soll sogar Trinkwasserqualität haben.

Ein Kuriosum ist der in Deutschland einzige noch erhaltene Eibenwald bei Paterzell im Pfaffenwinkel mit uralten, bis zu 20 m hohen Nadelbäumen.

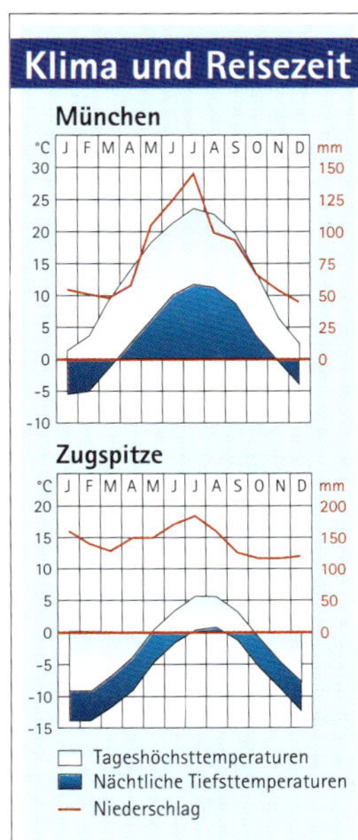

Millionen von Urlaubern und Tagesausflüglern strömen sommers wie winters in die Berge; die meisten kommen mit dem Auto. Mit Seilbahnen, Liften, Abfahrtspisten, Zweitwohnungen, Bettenburgen aus Beton, Großparkplätzen und immer neuen Erschließungsstraßen, die zusätzliche Abgaswolken und Lärm mit sich bringen, greift die moderne Freizeitindustrie in das empfindliche Ökosystem Natur massiv ein. Die katastrophalen Folgeschäden sind hinlänglich bekannt: der ohnehin schon durch Wildverbiss und Luftverschmutzung geschwächte Bergwald wird noch weiter geschädigt und kann seine natürliche Schutzfunktion immer weniger erfüllen. Die Hochwassergefahr in den Tälern, Lawinenabgänge und Muren nehmen zu, Berghänge kommen ins Rutschen und gefährden Siedlungen und Straßen. Wer ein stark frequentiertes Skigebiet schon einmal im Sommer besucht hat, weiß, wie trostlos die Lifttrassen aussehen, wie braun und verkarstet die Skihänge, die ohne die schützenden Grasmatten abrutschen.

Selbst abseits der Piste wird die Natur nicht in Ruhe gelassen. Manche Tiefschneefans missachten die Sperrzonen und stören das Wild in seiner Winterruhe auf oder schädigen mit den Stahlkanten ihrer Bretter die Jungpflanzen, mit denen man mühsam versucht, dem Bergwald wieder auf die Beine zu helfen. „Wie umweltverträglich ist Skibergsteigen?" fragte sich der Deutsche Alpenverein und gründete einen Arbeitskreis zu diesem Thema. Unter Mitwirkung der Bergwacht, der Almwirtschaft und von 14 Fremdenverkehrsgemeinden werden Aufstiegs- und Abfahrtsrouten, Touren- und Winterwanderwege genau festgelegt und ausgeschildert – zum Schutz der Biotope der Wildvögel (Birk-, Hasel- und Schneehuhn). Durch Informations- und Aufklärungsarbeit will man verstärkt an das Umweltbewusstsein der Wintersportler appellieren.

Umdenken

Ein Umdenken in Richtung eines ökologisch verträglichen Tourismus setzt auch da ein, wo Hotel- und Gaststättenbetriebe umweltbewusst wirtschaften oder Fremdenverkehrsgemeinden ihre Gäste dazu auffordern, das Auto vor dem Hotel stehen zu lassen und sich einer der geführten Wanderungen anzuschließen, auf denen man mitunter in wenigen Stunden mehr über Land und Leute erfährt als vielleicht sonst während des ganzen Urlaubs.

Bevölkerung und Religion

In Oberbayern leben über 3,7 Millionen Menschen, davon allein ca. 1,3 Millionen in der Landeshauptstadt München.

Der größte Teil Oberbayerns ist römisch-katholisch. Zum einen haben zwar die Kirche und die traditionelle agrarische Struktur des Landes die Einheimischen geprägt. Das äußert sich in einem Hang zum Konservatismus und einem tief verwurzelten Traditionsbewusstsein, das alte Bräuche und Wallfahrten lebendig hält. In den Trachtenvereinen lernen schon die Kinder wie von selbst, mit den überkommenen Traditionen zu leben und sie zu pflegen. Viele Feste, die ihren Anlass im Kirchenjahr haben, werden auch heute noch gefeiert – nicht nur, um den Touristen zu gefallen. Außerdem scheint die gern zitierte „barocke" Lebensart dem Feiern und geselligen Zusammensein geradezu entgegenzukommen.

Auf der anderen Seite jedoch steht auch auf dem Land die Zeit nicht still. Boten Feste früher in den entlegenen Bergregionen und ländlichen Gebieten eine willkommene Abwechslung von der alltäglichen Plackerei, so ist durch die wachsende Mobilität der Gesellschaft die einstige Isolation der Landbevölkerung längst durchbrochen, und viele Töchter und Söhne verdienen sich ihr Geld lieber in der Stadt oder zumindest nicht in der Landwirtschaft. Zudem zogen und ziehen auch immer mehr wohlhabende Städter mit Zweitwohnsitzen aufs Land und tragen zur erheblichen Verstädterung von Orten wie Garmisch-Partenkirchen oder Tegernsee bei. Zur alteingesessenen Bevölkerung kommen noch die Scharen der Zugereisten aus ganz Deutschland, weil Oberbayern eben nicht nur ein traditionelles Agrarland ist, sondern als moderner Industriestaat auch viele attraktive Arbeitsplätze zu bieten hat.

Wirtschaft

Oberbayern ist traditionelles Bauernland, Fremdenverkehrsregion Nummer 1 in Deutschland und zugleich Industrieregion mit München und Ingolstadt als den größten Ballungszentren. Einen enormen Wachstumsschub bekam Oberbayern, als nach dem Krieg renommierte Firmen wie Siemens ihren Standort aus dem Osten Deutschlands nach München verlegten. Heute gehört München zu den größten Industriestädten im Bundesgebiet. Aber nicht rauchende Fabrikschlote bestimmen das Bild, sondern hier ist die sogenannte „saubere Industrie" angesiedelt, mit Unternehmen aus den Bereichen Elektroindustrie, Luft- und Raumfahrt, Fahrzeug- und Maschinenbau oder Optik, mit Namen wie Siemens, BMW, MAN, MBB, Rodenstock. Darüber hinaus ist die Universitätsstadt führend in Wissenschaft und Forschung. Große Bedeutung kommt den Max-Planck-Instituten für Physik und Astrophysik, für Biochemie und für Zellchemie zu, außerdem den TU-Fakultäten für Physik und Chemie und dem Garchinger Kernforschungsinstitut. München ist größtes Versicherungs- und zweitgrößtes Finanzzentrum in Deutschland.

Auch im Bereich der Medien kann die Stadt mit Superlativen aufwarten: Sie ist nach New York die Stadt mit den meisten Buchverlagen und nach Hamburg die deutsche Stadt mit den meisten Zeitschriftenverlagen. Über 400 Unternehmen umfasst die Filmbranche; zahlreiche Hörfunk- und Fernsehanstalten haben hier ihren Sitz.

Von den anderen industriellen Zentren in Oberbayern sind noch das Chemie-Dreieck im Winkel zwischen Salzach und Inn sowie Ingolstadt zu erwähnen. Mit seinen 110 000 Einwohnern ist Ingolstadt nicht nur zweitgrößte Stadt Oberbayerns, sondern durch hervorragende Arbeits- und Wirtschaftsbedingungen – Automobilproduktion und Raffinerie-Zentrum – auch eine der wachstumsstärksten Städte Europas.

München mit dem BMW-Hochhaus im Vordergrund

Steckbrief

Größe: 17 530 km².
Einwohner: 3,7 Millionen.
Sitz der Verwaltung des Regierungsbezirks: München.
20 Landkreise; 3 kreisfreie Städte (München, Ingolstadt und Rosenheim).
Höchste Berge: Zugspitze (2962 m), Watzmann (2713 m).
Größte Seen: Chiemsee, Starnberger See, Ammersee.

Geschichte im Überblick

Zwischen 700 und 500 v. Chr. wandern die Kelten von Westen her ins Alpenvorland ein.

15 v. Chr. Die Römer erobern das von keltischen Stämmen bewohnte Land.

Im 6. Jahrhundert beginnen die Besiedlung durch die Bajuwaren und die Herrschaft der Agilolfingerherzöge. Das Stammesherzogtum umfasst außer dem heutigen Bayern fast ganz Österreich, Südtirol sowie Teile Norditaliens.

Im 7. Jahrhundert christianisieren irisch-schottische Missionare und Mönche das Land.

Im 8. Jahrhundert gründet Bonifatius u. a. die Bistümer Salzburg, Freising und Eichstätt.

788 Tassilo III., der letzte Agilolfingerherzog, wird von Karl dem Großen abgesetzt. Bayern kommt zum karolingischen Reich.

907–937 Nach dem Tod des letzten Karolingers erneuert Herzog Arnulf das bayerische Stammesherzogtum.

1070 Das Herzogtum Bayern fällt an die Welfen.

1158 Heinrich der Löwe gründet München. Zwei Jahre vorher ließ der Welfenherzog die Isarbrücke des Bischofs von Freising zerstören, um flussaufwärts bei der kleinen Mönchsniederlassung Munichen eine neue Brücke zu errichten, an der er Zoll kassiert. Der Salztransport aus Reichenhall sichert ihm reiche Einkünfte. Als Kaiser Friedrich Barbarossa auf dem Reichstag zu Augsburg die Ergebnisse dieses Handstreichs besiegelt, ist München „offiziell" geboren (14. Juni 1158).

1180 verfällt Heinrich der Löwe der Reichsacht, weil er dem Kaiser die Heerfolge versagt. Das Herzogtum Bayern (ohne Österreich) erhält Otto von Wittelsbach.

1214 Das Haus Wittelsbach erhält auf dem Erbweg die Rheinpfalz.

1314 wird Ludwig IV., seit 1302 Herzog von Bayern, deutscher König. Er erbt Niederbayern (1340), so dass das Kernland wieder geschlossen ist; er erwirbt die Mark Brandenburg, Tirol, die Grafschaften Holland, Seeland und Hennegau. Als er 1347 stirbt, ist Bayern eine über halb Europa reichende Großmacht. Unter seinen Nachfolgern schwindet das Erbe aufgrund von Streitigkeiten schnell.

1363 Die alte bayerische Grafschaft Tirol fällt durch das Testament der letzten Gräfin, Margarete Maultasch, an Österreich.

1392 Teilung Bayerns in die Herzogtümer Ingolstadt, München, Landshut.

1472 wird in Ingolstadt die erste bayerische Landesuniversität gegründet.

1503–05 Als Herzog Georg der Reiche, der letzte Herzog von Landshut, ohne männliche Nachfolge stirbt, entbrennt um sein Erbe der Landshuter Erbfolgekrieg. Für eine pfälzische Nebenlinie der Wittelsbacher wird 1505 aus dem Landshuter Erbe ein Herzogtum Pfalz-Neuburg gegründet.

1506 erlässt Herzog Albrecht IV. das Primogeniturgesetz, dem zufolge nur der Erstgeborene erbberechtigt ist, und beendet damit die Landesteilungen.

Im 16. Jahrhundert findet die Reformation in den Städten Bayerns ihre Anhänger. Die katholischen Wittelsbacher erweisen sich als Gegner der protestantischen Kirche und sorgen in Bayern für die Erhaltung des katholischen Glaubens.

1609 gründet Herzog Maximilian I. (ab 1623 Kurfürst) die katholische Liga und leitet die Gegenreformation in Deutschland.

1618–48 Im Dreißigjährigen Krieg wird Bayern wiederholt schwer verwüstet.

1634 findet zum ersten Mal das Oberammergauer Passionsspiel statt.

1701–14 Bayern wird unter dem ehrgeizigen Kurfürsten Max Emanuel auf der Seite Frankreichs in den Spanischen Erbfolgekrieg verwickelt und das Land von den Österreichern besetzt.

1705 Gegen die österreichische Besetzung rebellieren die Bauern, die aber in der „Sendlinger Mordweihnacht" von den kaiserlichen Soldaten niedergemetzelt werden.

1777 Mit dem Tod von Maximilian III. stirbt die Münchner Linie der Wittelsbacher aus. Die pfälzische Linie tritt unter Karl Theodor die Nachfolge an.

1800 Die Universität wird von Ingolstadt nach Landshut verlegt.

1803–15 Das mit Napoleon verbündete Bayern erhält im sogenannten Reichsdeputationshauptschluss u. a. die säkularisierten Bistümer Würzburg, Bamberg, Augsburg, Freising, Passau und Eichstätt.

1806 Bayern wird unter Maximilian I. Königreich.

1818 Graf Montgelas entwirft Bayerns erste Verfassung.

1825–48 König Ludwig I. verlegt die Universität von Landshut (1826) nach München und macht die Stadt zum Zentrum der Künste und Wissenschaften.

1864–86 Unter König Ludwig II. nimmt Bayern an den Kriegen gegen Preußen (1866) und gegen Frankreich (1870/71) teil.

1871 tritt Bayern dem Deutschen Reich bei.

1886–1912 Prinzregent Luitpold führt nach dem Tod Ludwigs II. die Regierung.

Kaiser Ludwig der Bayer (Mosaik am Murnauer Rathaus)

Eine Keltenschanze bei Holzkirchen südöstlich von München

König Ludwig I. (Denkmal auf dem Odeonsplatz in München)

Geschichte im Überblick

1918 wird der letzte Wittelsbacher von der Novemberrevolution vertrieben. Kurt Eisner ruft den freien Volksstaat Bayern aus und wird erster Ministerpräsident.

1919 wird Kurt Eisner ermordet. Ausrufung der Räterepublik.

1923 scheitert ein Putschversuch der Nationalsozialisten vor der Münchner Feldherrnhalle.

1933 bringen sich die Nationalsozialisten an die Macht. Ein Jahr später wird Bayern Reichsprovinz und verliert alle Hoheitsrechte.

1936 IV. Olympische Winterspiele in Garmisch-Partenkirchen.

1938 wird im Münchner Abkommen vereinbart, dass die Tschechoslowakei die sudetendeutschen Gebiete an Deutschland abtritt.

1939 Missglücktes Attentat Georg Elsers auf Hitler im Münchner Bürgerbräukeller.

1943 organisiert die „Weiße Rose" den Widerstand gegen die nationalsozialistischen Machthaber. Ihre Initiatoren (u. a. Sophie und Hans Scholl) werden hingerichtet.

1945 Nach der Kapitulation gehört Bayern zur amerikanischen Besatzungszone und wird als Staat wieder hergestellt; 1946 erhält der „Freistaat Bayern" seine Verfassung.

1972 erhält die Region München einen Verkehrsverbund; durch die S-Bahn wird ein Teil Oberbayerns verkehrsmäßig besser erschlossen. In München werden die XX. Olympischen Sommerspiele ausgetragen.

1992 wird der Flughafen München II (bei Erding) fertig gestellt.

1998 Eröffnung der Neuen Messe München-Riem.

Kultur gestern und heute

Oberbayern ist eine der reichsten Kulturlandschaften Deutschlands. Zu allen Zeiten bestand ein künstlerischer Austausch zwischen Stadt und Land, wobei die ersten Impulse von den Kirchen und Klöstern auf dem Land ausgingen. Mehr und mehr übernahmen dann ab dem 17. Jh. die Kurfürsten und Könige in München die führende Rolle als Mäzene, um ihre politischen Ansprüche nach außen hin zu dokumentieren. Aus ganz Europa holten sie Künstler an die Isar; davon wiederum profitierten das Umland und die einheimischen Künstler, die dann selber über die Landesgrenzen hinaus Berühmtheit erlangten.

Frühzeit und Romanik

In erster Linie durch die Marienwallfahrt bekannt, gehört die Heilige Kapelle in Altötting zu den wenigen architektonischen Zeugnissen aus karolingischer Zeit. Der achteckige Mauerkern birgt einen runden Raum, der vermutlich aus dem 8./9. Jh. stammt.

Die früheste bayerisch-deutsche Literatur entstand in den Schreibstuben der Klöster wie Tegernsee, Benediktbeuern, Schäftlarn und Dießen oder an dem Bischofssitz Freising. In der Literaturgeschichte machte sich das Kloster Wessobrunn insofern einen Namen, als dort das zu Anfang des 9. Jhs. niedergeschriebene „Wessobrunner Gebet", das zu den ältesten deutschen Sprachdenkmälern gehört, gefunden wurde. Auch die musikalische Tradition geht auf die Klöster zurück, die nicht nur die geistliche Musik, sondern auch das Liedgut der fahrenden Sänger pflegten. So wurden im 13. Jh. im Kloster Benediktbeuern die „Carmina Burana", eine Sammlung weltlicher Trink- und Liebeslieder, niedergeschrieben.

Sich vom bayerisch-romanischen Kirchenbau ein Bild zu machen, ist gar nicht so einfach, da die Barockzeit in Bayern fast kein Gotteshaus unangetastet ließ und in ihrem unbändigen Gestaltungswillen die romanischen Mauern zwar meistens stehen ließ, sie aber über und über mit Ornamenten und Bildern versah. So gehört zum Beispiel der Freisinger Dom, der als imposantes Beispiel bayerischer Barockarchitektur gilt, in seinem Kern eigentlich in das 12. Jh., und auch in der Monumentalität seiner Raumwirkung ist er durch und durch romanisch. Berühmt ist in der Domkrypta die sogenannte „Bestiensäule“: in Stein gemeißelte miteinander ringende Monstren symbolisieren den Kampf gegen das Böse. Im Dachauer Hinterland stößt man auf dem Petersberg bei Erdweg auf eine kleine romanische Kirche, die Anfang des 12. Jhs. von Mönchen gegründet wurde. Im Chor sind noch hervorragende Wandmalereien aus der Bauzeit erhalten. Stand eine Kirche im entlegensten Winkel oder war sie ganz einfach in Vergessenheit geraten, konnte sie vor den Modernisierungsmaßnahmen durch das Rokoko noch am ehesten sicher sein, wie zum Beispiel auch die wuchtige romanische Gewölbebasilika St. Michael in Altenstadt zeigt.

König Ludwig II.

Flugblätter der Geschwister Scholl (Mahnmal im Hauptgebäude der Universität)

Gotik

Ihre erste große Blütezeit erlebte die bayerische Kunst in der Spätgotik, einhergehend mit dem Wohlstand der Städte und der Emanzipation ihrer Bürger. Prächtige Rathäuser und auch mächtiggeräumige Stadtpfarrkirchen schossen aus dem Boden – stolz und selbstbewusst. Letztere nahmen fast ausschließlich die Form der Hallenkirche an, mit nahezu gleich breiten und hohen Schiffen, und als Baumaterial wählte man den heimischen Backstein. Auf altbayerischem Boden tritt

Ein Zeugnis früher Baukunst ist die karolingische Torhalle auf der Fraueninsel im Chiemsee

der neue Raumtypus zuerst in der Stiftskirche zu Laufen (1330–38) auf. 1425 hatte die selbstbewusste Bürgerschaft in Ingolstadt mit dem Bau der Liebfrauenkirche begonnen. München wollte der neuen Entwicklung nicht hinterherhinken und engagierte für den Bau seines neuen Doms den berühmten Meister Jörg Ganghofer. In bemerkenswert kurzer Bauzeit (1468–88) hatte dieser die Kirche hochgezogen.

Leider gingen die meisten spätgotischen Kirchenausstattungen verloren oder sind „nur" im Museum zu besichtigen. Eine um so größere Kostbarkeit stellt daher die Blutenburger Schlosskapelle (1488) in München dar, wo Architektur und Ausstattung optimal miteinander harmonieren. Auch in der Streichenkapelle im Chiemgau stammt die spätgotische Ausstattung mitsamt den schönen Fresken noch aus der Erbauungszeit (1440–50).

Andachtsbild

In den bildenden Künsten entstand um 1400 mit den „Schönen Madonnen" ein neuer Typus des Andachtsbildes. Wenn es sich hierbei auch um eine internationale Kunstentwicklung handelte, so besitzt das Bayerische Nationalmuseum in München doch eine Sammlung besonders schöner Beispiele, wie die Madonna mit Kind aus dem Kloster Seeon im Chiemgau.

Renaissance

Als mit schlichten mittelalterlichen Burgen kein Staat mehr zu machen war, setzten die Renaissance-Fürsten all ihren Ehrgeiz daran, mit zeitgemäßen Schlössern und Palästen zu repräsentieren. Der neue Stil kam aus Italien. In Neuburg an der Donau ließ sich der Pfälzer Wittelsbacher Ottheinrich ab 1522 ein Schloss bauen, wobei er nur die (süddeutschen) Handwerker und Künstler nicht importierte.

Zur Keimzelle der Renaissance in Bayern wuchs die Münchner Residenz heran, die mit dem Antiquarium den größten profanen Renaissancebau des 16. Jhs. nördlich der Alpen besitzt. Wie der Name schon andeutet, beherbergte das Antiquarium die herzogliche Antikensammlung. Dass der Residenzausbau in München ausgerechnet mit einem Museum beginnt, entspricht ganz dem humanistischen Bildungsideal der Zeit. Unter Herzog Wilhelm V. zum Festsaal umgewandelt, diente das Antiquarium gegen Ende des 16. Jhs. dem Niederländer Orlando di Lasso als Bühne für seine glanzvollen Auftritte. Der Tonkünstler und Leiter der Münchner Hofkapelle gilt als einer der Hauptvertreter der Renaissance-Musik. Jener Herzog Wilhelm – nicht umsonst hieß er auch „der Fromme" – betätigte sich jedoch nicht nur im Schlossbau, sondern ließ auch 1583 mit der Jesuitenkirche St. Michael in München das Symbol der Gegenreformation in Bayern errichten. Vom Architektonischen her gesehen eine Meisterleistung, fand die Kirche in Süddeutschland und Österreich reiche Nachfolge.

Barock und Rokoko

Kurfürst Ferdinand Maria und seine Frau Henriette Adelaide läuteten in München das Barockzeitalter ein, als sie 1663 eine Kirche, ein Schloss und ein Schiff in Auftrag gaben. Mit dem Bau der Theatinerkirche dankte die junge Mutter dem hl. Kajetan für die Geburt des Thronfolgers Max Emanuel, Schloss Nymphenburg war das Wiegengeschenk des glücklichen Vaters an seine Frau, und auf dem Schiff, das auf dem Starnberger See vom Stapel lief, wurde der junge Erdenbürger mit Pauken und Trompeten sowie einem riesigen Feuerwerk gefeiert. Auf dem „Bucentaur", wie das Prunkschiff hieß, feierten noch die folgenden Generationen der Wittelsbacher bis ins 18. Jh. hinein ihre feucht-fröhlichen Feste. Und die Fischer und Bauern rund um den See konnten sich, wenn sie vielleicht auch nie in ihrem Leben in die Residenzstadt kamen, von dem barocken Pomp und Luxus, wie er am Hof herrschte, angesichts des Schiffes und seiner „Besatzung“ eine Vorstellung machen.

Altarfiguren im Marienmünster zu Dießen

Ihren Weg aufs Land sollte die Barockkunst erst ein paar Jahrzehnte später durch die Kirchen und Klöster finden. Von der Residenzstadt München ging der künstlerische Impuls aus, der den Barock in seiner ersten Phase im 17. Jh. italienisch, später französisch prägte. Unter dem Hofbaumeister François de Cuvilliés, zu dessen Hauptwerken die Amalienburg (1733) im Nymphenburger Schlosspark zählt, erlangte die Münchner Rokoko-Hofkunst europäischen Rang. Von einem eigenständigen bayerischen Rokoko, das sich durch besondere Üppigkeit und Sinnenfreude auszeichnet, lässt sich seit dem ersten Viertel des 18. Jhs. sprechen; diese Epoche prägten einheimische Künstler, die für Kirche und Hof arbeiteten. Das Land brachte Künstlerpersönlichkeiten, -familien und -sippen von internationalem Rang hervor: Johann Michael Fischer, Joseph Effner, die Wessobrunner Familien Schmuzer und Feichtmayr, die Brüder Johann Baptist und Dominikus Zimmermann, die Brüder Cosmas Damian Asam und Egid Quirin Asam, Matthäus und Ignaz Günther.

St. Michael in München

Die schönsten oberbayerischen Rokokokirchen und Schlösser entstanden in Teamarbeit, wobei unter den oben genannten Künstlern Stuckateure, Maler, Bildhauer, Baumeister und Architekten an einem Bau zusammenwirkten und ihn zu höchster Vollendung brachten: die Kloster- oder Wallfahrtskirchen Benediktbeuern, Dießen, Rott am Inn und Schäftlarn sowie die Wies. Bezeichnend für die Volksnähe des Barock ist, dass auch viele Dorfkirchen von den berühmtesten Vertretern ihres Faches ausgestattet wurden.

Volkskunst: an vielen Häusern wetteifern die Farben von Lüftlmalerei und Blumenschmuck

19. und 20. Jahrhundert

Zu Beginn des 19. Jhs. erhielt München unter König Ludwig I. sein klassizistisches Gesicht: die Ludwigstraße und der Königsplatz mit seinen Kunsttempeln entstanden, die Residenz bekam ihren letzten Schliff, und die zeitgenössische offizielle Kunst erhielt mit der Neuen Pinakothek einen maßgeschneiderten Museumsbau. München wurde Kunststadt. Unter Ludwigs Nachfolgern erhielt München mit Maximilian- und Prinzregentenstraße ihre beiden letzten historischen Prachtachsen.

Auf dem Land vor den Bergen ließ Ludwig II. seine „Königsschlösser" bauen: Neuschwanstein, Linderhof und Herrenchiemsee. Bezeichnenderweise waren diese Traumwelten mit modernsten technischen Hilfsmitteln hergestellt: Die gerade von Werner von Siemens erfundenen Maschinen zum Beispiel betrieben Apparaturen, um die „Venusgrotte" in Linderhof zu illuminieren, und des Königs Lieblingsfarbe Blau war ein Produkt der chemischen Industrie.

Musik

Die große Epoche der Münchner Musik hob 1811 mit der Grundsteinlegung für das Opernhaus an. In der zweiten Jahrhunderthälfte, unter Ludwig II., traf Richard Wagner in der Stadt ein, und

Feste und Veranstaltungen

Januar: Neujahrsskispringen in Garmisch-Partenkirchen; Neujahrsschießen im Berchtesgadener Land (1. Jan.); verschiedene oberbayerische Orte wie Rottach-Egern, Gaißach bei Bad Tölz oder Garmisch-Partenkirchen veranstalten lustige Schlittenrennen.

Februar: Der Fasching bietet verschiedene Umzüge, wie den der „Schellenrührer" und „Jacklschutzer" am „unsinnigen Donnerstag" vor Faschingssonntag: Mit Glocken behängt und mit Furcht erregenden Masken ziehen sie durch die Straßen von Mittenwald und Garmisch-Partenkirchen. Tanz der Standlfrauen auf dem Münchner Viktualienmarkt am Faschingsdienstag.

März: Internationale Jazzwoche in Burghausen.

April: Georgiritte am Ostermontag (Prozessionen hoch zu Ross zu Ehren des heiligen Georg, in historischen Trachten, mit anschließender Segnung der geschmückten Pferde), am prächtigsten ist der Georgiritt in Traunstein.

Mai: Tradition des Maibaumaufstellens in allen Gemeinden; Süddeutscher Töpfermarkt in Dießen; Auer Dult in München (eine Mischung aus Jahrmarkt, Geschirr- und Trödelmarkt), die erste der dreimal im Jahr stattfindenden Dulten.

Juni: Renaissance-Sommer und Großes Schlossfest in Neuburg a.d. Donau (alle zwei Jahre, das nächste Mal 1997, feiern 2000 Mitwirkende in historischen Kostümen mit Gauklern, Musikanten, Reitern, Händlern, Edelleuten). Fronleichnamsprozessionen finden in fast jedem Ort statt; besonders prächtig ist die Seeprozession von Seehausen am Staffelsee, bei der es in geschmückten Booten und Kähnen hinüber zur Insel Wörth geht.

Juli: Opernfestspiele in München. Kaltenberger Ritterturnier an drei Wochenenden auf Schloss Kaltenberg bei Landsberg am Lech: Bayern-Prinz Luitpold öffnet sein Schloss und den Turnierplatz für mittelalterliche Festivals, bei denen Stuntmen und andere Athleten in voller Kettenhemdmontur hoch zu Ross artistische Leistungen vollbringen. Ritterspiele Kiefersfelden (im Juli/August) an der deutsch-österreichischen Grenze: in historisch überlieferter Spielweise (seit 1618) führen Laiendarsteller mit viel Enthusiasmus und Er-

sein königlicher Freund und Gönner machte die Münchner Oper zur Wagner-Bühne.

1864 wurde Richard Strauss in München geboren. Später zog er aufs Land nach Garmisch, wo er sich von ausgedehnten stimmungsvollen Bergwanderungen inspirieren ließ und 1915 die „Alpensymphonie" schrieb. Carl Orff, der in Dießen am Ammersee wohnte, vertonte 1937 die „Carmina Burana". Nach dem Zweiten Weltkrieg machten Carl Orff, Werner Egk und Karl Amadeus Hartmann München zum lebendigen Zentrum neuer Musik. Zum aktuellen Musikgeschehen der Stadt gehört die „Biennale", ein Festival für zeitge-

Eine Publikumsattraktion sind die Kaltenberger Ritterspiele

folg die Stücke auf, die der Tiroler Josef Schmalz (genannt der „Bauernshakespeare") vor über 150 Jahren für das Dorftheater geschrieben hat. Jakobi-Dult in München (1 Woche im Juli/August).

August: „Stumme Prozession" in Vilgertshofen am Sonntag nach Mariä Himmelfahrt (mit Szenen aus dem Alten und Neuen Testament) mit anschließendem Jahrmarkt und Wirtschaftsbetrieb. Herbstfest in Rosenheim (August/September), größtes Volksfest in Südostbayern.

September/Oktober: Almabtrieb (je nach Wetterlage, kein fester Termin), besonders prächtig ist der Abtrieb von den Almen über dem Königssee im Berchtesgadener Land. Oktoberfest auf der Münchner Theresienwiese, das 16 Tage dauert und immer am ersten Sonntag im Oktober endet. Kirchweih-Dult in München (1 Woche bis Kirchweihsonntag).

November: Am 6. November finden in vielen Orten Wallfahrten zu Ehren des hl. Leonhard, des Vieh- und Pferdepatrons, statt; die größte und berühmteste unter ihnen ist die Tölzer Leonhardifahrt, wo die Teilnehmer in Festtagstracht sowie über 60 Vierergespanne mit geschmückten Pferden durch die Altstadt hinauf zum Kalvarienberg ziehen.

November/Dezember: „Buttnmandl" laufen am ersten und zweiten Adventssonntag durch die Straßen im Berchtesgadener Land: mit den Furcht erregenden Masken, die sie tragen, und am ganzen Leib mit Strohbüscheln umwickelt, sollen sie nach alter Vorstellung böse Geister aus Haus und Hof fern halten. In München und anderen Orten öffnen die Christkindlmärkte mit teilweise „lebenden Krippen" wie in Andechs oder Dießen. Weihnachtsschießen und Silvesterschießen der Berchtesgadener Weihnachtsschützen.

Internationale Wintersportwoche in Garmisch-Partenkirchen (Ende Dezember/Anfang Januar).

Im Rahmen des Musiksommers werden in zahlreichen Klöstern, Kirchen und Schlössern Konzerte vorwiegend klassischer Meister aufgeführt, aber auch moderne Musik steht auf dem Programm. Auskünfte zu allen Veranstaltungen erteilt der Fremdenverkehrsverband München-Oberbayern, für München das Fremdenverkehrsamt.

„Stubnmusi"

Wer bei Volksmusik an Blasmusik und Trachtenumzüge denkt, liegt nicht falsch; ihre andere, stillere Spielart ist die Stubnmusi, die Stubenmusik, die fast kammermusikalischen Charakter hat. Konzertiert wird mit Zither und Hackbrett, Schoßgeige und Bergharfe.

nössisches Musiktheater, auf dem junge Komponisten und Bühnenkünstler Opern, Theater und Tanztheater verschiedenster Stilrichtungen präsentieren – unter der Leitung von Hans Werner Henze, Deutschlands bedeutendstem lebenden Komponisten.

In den 20er-Jahren zog Kiem Pauli mit seiner zusammenlegbaren Zither und seinem Fahrrad durch Oberbayern und begann mit dem Sammeln von alten Volksliedern und Instrumentalmusik. Wissenschaftlich unterstützt wurde er durch den Musikprofessor Kurt Huber von der Münchner Universität, den die Nazis 1943 hinrichteten. Geradezu anarchisch gibt sich seit den 80er-Jahren die neue Volksmusik, die mit der traditionellen außer ironischen Anleihen nichts mehr gemein hat. Gruppen wie die „Biermösl Blosn" bringen mit beißendem Witz und musikalischen Experimenten schrille Klangfarben in Althergebrachtes.

Literatur

Um 1900 war München oder besser gesagt sein Boheme-Viertel Schwabing nicht nur Hauptanziehungspunkt für Avantgarde-Maler wie die Künstlergruppe des Blauen Reiters, sondern das literarisch-dichterische Zentrum schlechthin. Nach Schwabing zog es Literaten wie Henrik Ibsen, Rainer Maria Rilke, Frank Wedekind, Stefan George, Bert Brecht und Erich Kästner, Heinrich und Thomas Mann sowie die gebürtigen Oberbayern Ludwig Thoma und – etwas später – Oskar Maria Graf. Thoma war von seiner Dachauer Anwaltskanzlei in die Redaktion der satirischen Zeitschrift „Simplicissimus" übergewechselt, Graf entstammte einer Bäckerei in Berg am Starnberger See und stand nun in der Großstadt am Beginn seiner Karriere als Schriftsteller.

Draußen auf dem Land verklärte der Bestsellerautor Ludwig Ganghofer in seinen rührseligen Heimatromanen die Welt der Berge. Ungeschminkt erzählte Lena Christ in ihren „Erinnerungen einer Überflüssigen" von ihrem erbarmungslosen Überlebenskampf. Thomas Mann setzte sich in der Erzählung „Gladius Dei" kritisch mit der Frage auseinander, ob München überhaupt noch eine Kunststadt sei. Darüber reden sich die Insider heute noch die Köpfe heiß, wobei München mit dem Bau der „Pinakothek der Moderne" (bis 2000) seinem früher angeschlagenen Image als Kunststadt wieder auf die Sprünge helfen wird. Der in München geborene Lion Feuchtwanger schrieb in den 20er-Jahren den Roman „Erfolg", in dem er mit seiner Heimatstadt abrechnete. Nach dem Krieg wollten nur wenige Emigranten zurück, jedoch weder Feuchtwanger noch Graf. Zu den bedeutendsten bayerischen Gegenwartsautoren zählt der Freisinger Carl Amery. Querköpfig und ewig grantelnd gibt sich Herbert Achternbusch.

Volkstheater

Das „wirkliche Leben mit seinen Haken und Schrammen", wie es Ruth Drexel, ehemalige Intendantin des Münchner Volkstheaters, ausdrückte, ist selbst für die niveauvolleren unter den Volks- und Bauerntheaterbühnen (z. B. Iberl-Bühne in München-Solln, Theater am Hof in Leutstetten bei Starnberg oder Chiemgauer Volkstheater in Aschau) kaum je ein Thema. Das Repertoire – Bauernschwänke und -komödien – reicht von Klassikern wie Ganghofer und Thoma bis zu heutigen Stückeschreibern, pseudobayerische Folklore inbegriffen.

Essen und Trinken

Küche und Kunst ist die sympathische Kombination, die man in Oberbayern häufig antrifft – ob nun der Gasthof genau gegenüber der Rokokokirche liegt, in der man vielleicht noch soeben Orgelmusik gehört hat, oder ob er selbst mit seinen prächtigen Lüftlmalereien historisch ist. Und wie oft gesellt sich zum Gaumen- auch der Augenschmaus, wenn der Blick hinaufwandert zu einem zackigen Felsmassiv oder sich das schönste Aussichtspanorama bietet.

Eine Trachtlerin beim Weihnachtsschießen der Berchtesgadener Schützen

Was die bayerische Kochkunst betrifft, so ist sie eine höchst bodenständige, die aus den Ressourcen fischreicher Seen, wildreicher Wälder und eines mehr oder weniger blühenden Bauernlandes schöpfen kann. Und was wären die Wallfahrten und all die kirchlichen Fest- und Feiertage ohne das gute Essen und Trinken, das dazugehört wie das Amen zur Kirche? Man denke nur an Kirchweih, den dritten Sonntag im Oktober, wenn es, zumindest auf dem Land, die Kirchweihgans und die Schmalznudeln gibt.

Oskar Maria Graf

Die bayerische Gastronomie prägten aber auch zu einem guten Teil die Mönche, die wunderbare Fischgerichte kreierten, um die Fastenzeit mit ihrem Fleischverbot zu überstehen. Weit davon entfernt, sich zu kasteien, setzten die Mönche vielmehr auch üppige Mehl- und Kartoffelspeisen auf den Küchenzettel – Knödel, Nockerln, Nudeln, Strudel, Krapfen und Schmarrn – all das, was neben den bekannten Fleischspeisen auch heute noch die bayerische Küche ausmacht.

An schönen Tagen beginnt die Biergartenzeit schon vormittags

Die Mönche versorgten sich in der Fastenzeit mit zusätzlichen Kalorien, indem sie das besonders nahrhafte und süffige Starkbier brauten. Als „Frühjahrskur“ während des Fastens bildet die Starkbierzeit (im März) mit ihren -ator-Bieren (z. B. Salvator) die „fünfte Jahreszeit“. Nicht von ungefähr gibt es neben Schloss- und anderen lokalen Brauereien zahlreiche Klosterbrauereien auf dem Lande, galten doch die Mönche als die Pioniere und wahren Meister ihres Faches in der Braukunst.

1516 erließen die Wittelsbacherherzöge Wilhelm IV. und Ludwig X. das bayerische Reinheitsgebot. Danach darf das Bier nur Gersten- bzw. Weizenmalz, Hopfen, Hefe und Wasser enthalten, also keine chemischen Zusätze. Es gilt als das älteste Lebensmittelgesetz Europas, das trotz der Bestrebungen der EU für Bayern verbindlich bleibt und für die Qualität des bayerischen Biers bürgt. Es gibt Helles, Dunkles, zudem Weißbier (ebenfalls hell und dunkel), Starkbier (März und Mai) und helles Oktoberfestbier. Der braune Gerstensaft hat einen Stammwürzegehalt von 11–14 % und einen Alkoholgehalt von 3–4 %.

Bier, Radi und O'bazda

Die Biergärten haben ihren Ursprung in den Lagerkellern, die die Brauereien zur Nachgärung des Biers im 19. Jh. anlegten. Damit der Gerstensaft im Sommer kühl blieb, pflanzte man über den Kellern Schatten spendende Kastanienbäume, und wen wundert's, dass hier, so direkt an der Quelle, bald auch ausgeschenkt wurde – der Biergarten war entstanden. Da Speisen anfangs noch nicht verkauft werden durften, brachten die Gäste ihr Essen selbst mit; diese Tradition hat sich bis heute gehalten, wenn auch mittlerweile zu jedem Biergarten Verkaufsstände gehören. Was zum Bier gut passt: Radi (Rettich) und O'bazda (angemachter Camembert).

Urlaub aktiv

Ballon fahren

Ballon fahren kann man am Chiemsee und Starnberger See. Informationen am Chiemsee in Prien: ☏ 0 80 51/43 81 oder 39 34; Bernau ☏ 0 85 41/55 26; Seebruck ☏ 0 86 69/3 86 10; Chieming ☏ 0 86 69/7 90 90. Starnberger See: in Tutzing ☏ 0 81 58/13 90; Starnberg-Landstetten ☏ 0 81 57/91 04.

Kanu und Kajak

Inn und Salzach sind mit Kanu und Kajak durchgehend befahrbar; Wildwasserfans kommen auf der Ammer in Höhe der Echelsbacher Brücke auf ihre Kosten. Infos und Buchung bei der **Wildwasserschule Garmisch,** Von-Brug-Str. 26, 82467 Garmisch-Partenkirchen, ☏ 0 88 21/5 20 33, oder **Sack & Pack Kanutours,** Buttermelcherstr. 9, 80469 München, ☏ 0 89/22 94 00.

Segeln und Surfen

Zahlreiche Jachtclubs sowie mehrere Segel- und Surfschulen gibt es u. a. am Chiemsee (Gstadt-Gollenshausen, Seebruck, Prien), am Ammersee (Dießen, Schondorf, Utting), am Starnberger See (Possenhofen, Seeshaupt, Tutzing), am Tegernsee (Gmund) und am Waginger See (Waging). Ein wahres Surf-Dorado ist aufgrund seiner günstigen thermischen Verhältnisse der Walchensee.

Wandern

Oberbayern ist wegen seiner landschaftlichen Vielgestalt ideal zum Wandern. Ob grüne Buckelwiese, wildromantische Klamm, stimmungsvolles Moor oder felsige Höhen – für jeden Geschmack und Schwierigkeitsgrad ist etwas geboten. Leichte und gemütliche Wanderwege führen über die Buckelwiesen im weiten Mittenwalder Talkessel am Fuße des Karwendelmassivs, durch das Hochmoorgebiet der Osterseen südlich des Starnberger Sees oder die Ammerschlucht zu den Schleierfällen von Saulgrub aus. Wer sich gerne von reißenden Wildwassern und von engen schroffen Felswänden begleiten lässt, wählt die Wanderung durch die Partnach- oder Höllentalklamm bei Garmisch-Partenkirchen oder die Wimbachklamm im Berchtesgadener Land. Gebirgswanderungen lassen sich auf Herzogstand und Heimgarten oberhalb des Kochel- und Walchensees oder im Nationalpark Berchtesgaden mit schöner Aussicht kombinieren. Über die örtlichen Fremdenverkehrsämter lassen sich Unterlagen mit detaillierten Routenbeschreibungen beziehen.

Zu einer zünftigen Brotzeit im Biergarten gehören auch Radi und Radieserl

Tipp Für Wanderer, die mehrere Tage unterwegs sein wollen, bieten sich die *Fernwanderrouten* an. Informationen über die **Arbeitsgemeinschaft Fernwanderwege im Voralpenland,** Von-Kühlmann-Str. 15, 86899 Landsberg am Lech, ☏ 0 81 91/4 71 77, oder über den **Fremdenverkehrsverband Pfaffenwinkel,** Postfach 40, 86956 Schongau, ☏ 0 88 61/77 73.

Auf dem Zugspitzplatt

Wintersport

In Oberbayern finden Brettl-Fans alpine Skiparadiese unterschiedlichster Schwierigkeitsgrade. Garmisch-Partenkirchen wartet mit herrlichen Pisten für Anfänger und Könner auf. Auf der Zugspitze kann man sogar in den Sommermonaten über den Schnee schwingen. Ausgesprochen beliebt bei Familien mit Kindern sind die Skigebiete Spitzingsee und Sudelfeld. Weitere bekannte Skiorte sind Lenggries, Reit im Winkl und Mittenwald. In fast allen Wintersportgebieten sind auch Loipen angelegt. – Spezielle Angebote für Skifahrer gibt es bei der Bundesbahn; die Sporthäuser in München organisieren Tagesausflüge per Bus.

Der Höhenweg über Mittenwald

Verkehrsmittel

Flugzeug: Flugreisende aus aller Welt landen im Großflughafen München-Erding, von dem die Flughafen-S-Bahnen S 8 und S 1 im 20-Minuten-Takt verkehren (Fahrzeit in die Innenstadt ca. 40 Minuten).

Bus: Das Netz der Buslinien ist relativ dicht; Busse führen besonders zu Fremdenverkehrsorten, die per Bahn umständlich oder gar nicht zu erreichen sind. Die Fernlinien werden von den Bahnbussen des Regionalverkehrs Obb. bedient. Auskünfte geben die Deutsche Bahn und örtliche Verkehrsbüros. Geführte Busausflüge veranstalten: **Panorama Tours,** Arnulfstr. 8, 80335 München, ☏ 0 89/59 15 04; **Action & Funtours-Erlebnisreisen,** Paul-Heyse-Str. 16, 82131 Gauting, ☏ 0 89/8 50 59 04.

Bahn: Vom Münchner Hauptbahnhof fahren Züge mehrmals täglich in alle größeren Städte Oberbayerns. Das *Münchner S-Bahnnetz* reicht in einem Radius von ca. 30 km in die Region, u. a. bis Herrsching (Ammersee), Tutzing (Starnberger See), Wolfratshausen (Isartal), Dachau, Schleißheim und Freising sowie zum Flughafen.

Schiff: Speziell für Ammer- und Starnberger See gibt es die preisgünstige *Kombikarte MVV-Schifffahrt* (Infos hierzu und zur S-Bahn: Münchner Verkehrs- und Tarifverbund, Thierschstr. 2, 80538 München, ☏ 0 89/23 80 30).

Auto: Gut ausgebaut sind die großen Verkehrswege, die München mit vielen Städten verbinden; auch abgelegenere Teile Oberbayerns sind sehr gut – oft im Sinne des Naturschutzes eigentlich schon zu gut – erschlossen. Gewarnt wird vor plötzlichen Wintereinbrüchen, mit denen man spätestens ab November rechnen sollte und die selbst Einheimische bei mangelnder Winterausrüstung in Schwierigkeiten bringen.

Unterkunft

Die Skala reicht vom Jachthotel am See bis zum Berggasthof und zum *Urlaub auf dem Bauernhof.* Letzterer eignet sich besonders für Familien, weil er für Kinder Bewegungsfreiheit und Kontakt zu Tieren bietet. Man bekommt Einblick in den bäuerlichen Alltag und im Idealfall Anschluss an die Familie. Der Tourismus-Verband München-Oberbayern (s. S. 94) sowie die Fremdenverkehrsämter geben gesonderte Verzeichnisse für diese Unterkünfte heraus.

Oberbayern hat zahlreiche *Campingplätze* zu bieten, die teilweise sehr schön gelegen sind. Ob Natur-Zeltplatz mitten in der Alpenlandschaft oder im Wiesengrund, ob Campingplatz mit Kindergarten oder eigenen Kureinrichtungen, Informationen darüber erhalten Sie vom **Deutschen Camping-Club** (DCC), Mandlstr. 28, 80802 München, ☏ 0 89/33 40 21, oder über das **ADAC-Camping-Referat,** Am Westpark 8, 81373 München, ☏ 0 89/76 76-63 05.

Der **Deutsche Alpenverein,** Praterinsel 5, 80538 München, ☏ 0 89/29 49 40, unterhält in den Bayerischen Alpen ca. 100 *Schutzhütten und Berghäuser,* die z. T. bewirtschaftet sind und Unterkunft sowie Verpflegung bieten. Alpenvereinsmitglieder erhalten Ermäßigung und den Vorzug bei der Unterbringung.

Jugendherbergen gibt es viele zwischen Mittenwald und Eichstätt, Steinebach am Wörthsee und Berchtesgaden. Auskünfte beim Landesverband Bayern des **Deutschen Jugendherbergswerks,** Mauerkircherstr. 5, 81679 München.

Tipp Unter dem Motto „Ganz schön und fit" gibt der Tourismus-Verband München-Oberbayern eine Liste von Hotels heraus, die Urlaub mit Schönheitsfarm, Biokosmetik oder Fitnesspark anbieten.

** München

Dem Süden ein Stück näher

Sobald sich die Sonne mit ihren ersten wärmenden Strahlen zeigt, beginnen Restaurant- und Biergartenbetreiber Tische und Stühle nach draußen zu stellen, bevölkern sich die Sitzflächen unter freiem Himmel fast in Sekundenschnelle, leuchten die ockergelben Türme der Theatinerkirche noch intensiver, plätschern die Brunnen im Hofgarten – vermeintlich – noch lauter. München hat an solchen Tagen fast italienisches Flair.

So überquerte man bereits 1913 mit einem Gefährt der Königlichen Post die Alpen . . .

Wie kaum eine andere deutsche Großstadt hat München sein Gesicht nach den Zerstörungen des Zweiten Weltkriegs bewahrt. Fast vollständig ausgebombt, wurde sein Kern historisch möglichst getreu wieder hergestellt. Dieser Konservatismus hat zweifellos die alte Schönheit gerettet. Die Millionenmetropole ist überschaubar geblieben und wirkt manchmal sogar noch gemütlich.

. . . zu denen heute zahlreiche gut ausgebaute Straßen hinführen

Geschichte

Eigentlich stellt das „Münchner Kindl" im Stadtwappen einen Mönch dar und erinnert damit an die frühe Mönchsniederlassung „Zu den Munichen". Erst viel später, 1158, gründete der Welfenherzog Heinrich der Löwe die Stadt, nachdem er im Handstreich die einträgliche Salzroute isaraufwärts hierher verlegt hatte. 1180–1918 regierten die Wittelsbacher und machten die Stadt zu ihrer Residenz. 1933 verliehen die Nationalsozialisten München den unrühmlichen Titel „Hauptstadt der Be-

Einer der vielen schönen Ferienhöfe im Land

wegung“. 1972 war München Austragungsort der XX. Olympischen Sommerspiele. 1992 wurde der Großflughafen München II eröffnet, 1998 die neue Messe. Heute ist München eine der größten Industriestädte Deutschlands, in der aber auch traditionellen Wirtschaftszweigen noch viel Bedeutung zukommt.

Altstadtbesichtigung

Geradezu magisch zieht der *Marienplatz* Besucher von nah und fern an, wenn um 11 Uhr und 12 Uhr mittags das * *Glockenspiel* vom Turmerker des **Neuen Rathauses** ❶ erklingt. Mit dem Turnier bei der Hochzeit Wilhelms V. und Renatas von Lothringen, 1568, und dem Schäfflertanz führen die Figuren zwei denkwürdige Ereignisse aus der Stadtgeschichte auf. Beherrscht die neugotisch-zierfreudige Fassade des Neuen Rathauses den Platz im Norden, so bilden *Saalbau* und *Torturm* (mit einem sehenswerten *Spielzeugmuseum*, 🕓 tgl. 10–17.30 Uhr) des **Alten Rathauses** ❷ den östlichen Abschluss. In der Mitte des Platzes erinnert die *Mariensäule* ❸ an die überstandene schwedische Belagerung der Stadt während des Dreißigjährigen Krieges.

Die * **Peterskirche** ❹ ist noch älter als die Stadt: Sie stammt in ihrem Kern aus dem 11. Jh. Wohlhabende Bürger stifteten im Laufe der Jahrhunderte die überaus qualitätvolle Ausstattung, die von der Gotik bis zum Klassizismus reicht. Vom Turm hat man eine herrliche Aussicht über die Stadt.

Buchstäblich durch den Magen geht die Liebe zu München auf dem nahen **Viktualienmarkt** ❺. Nirgendwo sonst kann man sich so stilvoll münchnerisch – zu erschwinglichen Preisen – zum Mittagsimbiss treffen, die Obst- und Gemüsestände in Reichweite und die Altstadtsilhouette im Hintergrund. Dass sich auf dem ganzen Areal vor über 150 Jahren ein riesiges Spital erstreckte, davon zeugt noch die benachbarte **Heiliggeistkirche** ❻, deren Gewölbefresken die Spitalsgründung zum Thema haben. Die Brüder Asam verpassten dem gotischen Innenraum sein lichtes Rokokogewand.

Am Viktualienmarkt lässt sich ein Abstecher in die *Sendlinger Straße* (attraktive Einkaufsstraße) zur * **Asamkirche** (St. Johann Nepomuk) machen, die sich Egid Quirin Asam 1733 als seine Privatkirche baute. Bedingt durch das schmale Stadtgrundstück blieb für den Kirchenbau wenig Platz, dafür fiel die barocke Ausstattung, bei der auch der Bruder Cosmas Damian mitwirkte, um so üppiger aus: Der fast fensterlose Raum ist in das mystische Licht einer Gruft getaucht, und tatsächlich steht auf dem Hauptaltar der Schausarg des hl. Nepomuk mit seinen Reliquien.

Zurück am Ausgangspunkt, geht es über die Straße *Tal*, einen Teil der alten Salzroute, zum **Hofbräuhaus** ❼. Was hier als bayerische Folklore präsentiert wird, gerät zum bloßen Gaudium und hat mit echter Tradition wenig zu tun. Dennoch, auch Einheimische gehen hierhin.

Das * **Nationaltheater** ❽ am Max-Joseph-Platz zählt sich mit Recht zu den schönsten und in ihrem Repertoire anspruchsvollsten Opernhäusern der Welt. Mit dem *Denkmal* des ersten Bayernkönigs Max I. Joseph in der Mitte des Platzes stellte sich einst das junge Königtum Bayern (seit 1806) zur Schau.

Kulturboulevard

Wo Geld und Luxus den Ton angeben, erstreckt sich Münchens teuerste Meile, die **Maximilianstraße.** Internationale Modegeschäfte und eine alteingesessene Nobelherberge, das Hotel Vier Jahreszeiten, verleihen ihr weltstädtisches Flair. Und sie wäre nicht Münchens selbst ernannter Kulturboulevard ohne ihre Oper, die Galerien, die Theater und die dazugehörigen Cafés.

Die *Residenz ❾ verdankt ihre Existenz heute der imposanten Wiederaufbauleistung der Münchner nach dem Zweiten Weltkrieg. Über vier Jahrhunderte hinweg zu einem Schlosskomplex mit mehreren Innenhöfen herangewachsen, diente sie den Wittelsbachern bis 1918 als Wohn- und Regierungssitz und ist heute Museum (s. S. 30).

Im traditionsreichen Haus für Volkskunst und Tracht, **Wallach,** findet man Bayerisches von Kannen und Krügen bis hin zu Fleckerlteppichen und handgestrickten Jacken (Residenzstr. 3, ☎ 22 08 71).

Im *Hofgarten ❿, einer citynahen grünen Idylle, tummeln sich Spaziergänger, treffen sich Boulespieler und ihre Zuschauer zur Kurzweil. Am *Odeonsplatz* öffnet sich die Stadt nach Norden zur Ludwigstraße, die unter der Ägide König Ludwigs I. entstand und in ihrer monumentalen Geschlossenheit ein gutes Beispiel klassizistischer Stadtbaukunst darstellt.

❶ Neues Rathaus
❷ Altes Rathaus
❸ Mariensäule
❹ Peterskirche
❺ Viktualienmarkt
❻ Heiliggeistkirche
❼ Hofbräuhaus
❽ Nationaltheater
❾ Residenz
❿ Hofgarten
⓫ Feldherrnhalle
⓬ Theatinerkirche
⓭ Kunsthalle
⓮ Frauenkirche
⓯ Michaelskirche
⓰ Bürgersaalkirche
⓱ Karlstor

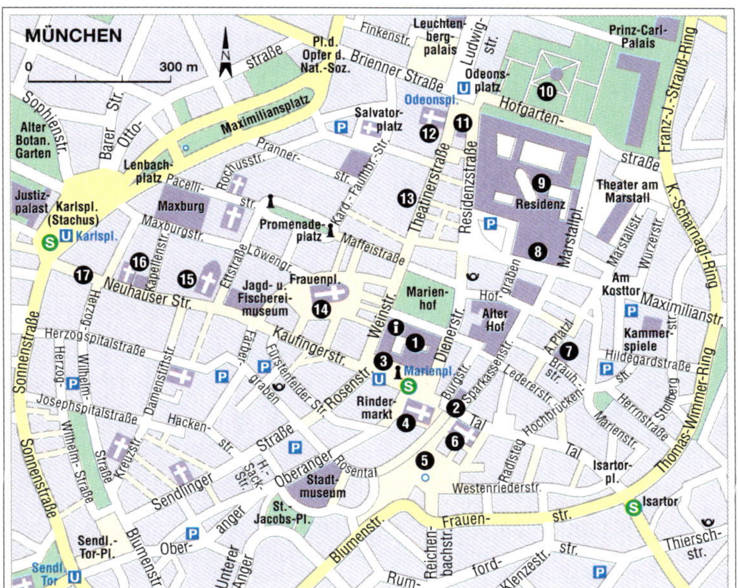

Im Gedenken

1923 scheiterte an der *Feldherrnhalle* der Putschversuch der Nationalsozialisten. Mit einer in das Pflaster eingelassenen Bodenplatte wird jener Polizisten gedacht, die bei der Niederschlagung des Putsches ums Leben kamen.

Die **Feldherrnhalle** ⓫ mit ihrer zierfreudigen Bogenarchitektur will eher zu dem bezaubernd virtuosen Geigenspieler passen, den man mit Glück en passant antrifft, als zu den schwergewichtigen Feldherren Tilly und Wrede, deren Denkmäler sie beherbergt.

Die ***Theatinerkirche** ⓬ verdankt ihren Bau (1663) der Geburt des lang ersehnten Thronfolgers Max Emanuel. Seine überglückliche Mutter Henriette Adelaide war mit ihren flehentlichen Bitten um einen Nachkommen bei ihrem Schutzpatron nicht auf taube Ohren gestoßen und löste daraufhin getreulich ihr Versprechen ein, dem Theatinerorden eine Kirche in München zu stiften.

In der eleganten *Theatinerstraße* mit ihren zahlreichen Einkaufsmöglichkeiten für Anspruchsvolle kommen auch die Kunstliebhaber voll auf ihre Kosten.

Tipp Das **Café Dukatz** im Literaturhaus ist ein Gesamtkunstwerk rund um die Gastronomie (französische Küche) und das Buch. Auf Tassen und Bierdeckeln stehen Texte des widerspenstigen bayerischen Dichters Oskar Maria Graf. Nebenan finden Ausstellungen zu Themen der Literatur statt (Salvatorplatz 1, ☎ 2 91 96 00, ⌚ Küche 11.30–15, 18.30–23 Uhr; Café/Bar 10–18 Uhr, So geschl.). $–$

Die **Kunsthalle** ⓭ der Hypo-Kulturstiftung zeigt Hochkarätiges: Das Spektrum der Wechselausstellungen reicht vom Zarengold bis zur Gegenwartskunst (⌚ Mo–So 10–18, Do bis 21 Uhr; ab Ende 1999 wegen Umbau geschl.).

Wieder im mittelalterlichen Kern Münchens geht es zur gotischen ****Frauenkirche** ⓮, die mit ihren beiden Kuppelhauben Münchens unverwechselbares Wahrzeichen ist. Seit zum 500-Jahr-Jubiläum der Kirchenweihe 1994 die Gerüste fielen, erstrahlt der Innenraum nach Renovierung und Umgestaltung in neuer Pracht. Dicht an dicht reihen sich Kauf- und Gotteshäuser in der *Neuhauser Straße*, die Kulturdenkmal und Einkaufsmeile zugleich ist.

Um dem „Ausverkauf" des katholischen Glaubens entgegenzuwirken, ließ Herzog Wilhelm V., „der Fromme", die Jesuiten kommen und 1583 mit dem Bau der ****Michaelskirche** ⓯ beginnen. Ihr Name ist Programm, wie schon die Figurengruppe „Sieg des Erzengels Michael über den Satan" am Eingang zu erkennen gibt. Ungeahnte Monumentalität verleiht dem Innenraum die imposante Tonnenwölbung mit einer Spannweite von 20 m, die seinerzeit nördlich der Alpen ohnegleichen war.

Die **Bürgersaalkirche** ⓰ birgt im Erdgeschoss das Grab eines modernen Heiligen. Der mutige Widerstandskämpfer gegen das Naziregime und Jesuitenpater Rupert Mayer wurde 1987 vom Papst selig gesprochen.

Das **Karlstor** ⓱ am Ende der Fußgängerzone führt auf den Stachus (Karlsplatz) und stammt noch von der Stadtbefestigung aus dem frühen 14. Jh.

Museen – eine Auswahl

Das **Alpine Museum** mit seinen Sonderausstellungen und Schausammlungen über Entstehung und Entwicklung der Alpen liegt auf einer Insel inmitten der Isar, der „Reißenden" (Isaria), wie die Kelten den im Karwendelgebirge entspringenden voralpinen Fluss einst nannten.

Die *****Alte Pinakothek** präsentiert nach ihrer Generalsanierung die Europäische Malerei des 14.–18. Jhs. in neuem Glanz (⌚ tgl. außer Mo 10–17, Di, Do bis 20 Uhr).

Europäische Malerei in den verschiedenen Stilrichtungen des 19. Jhs. stellt die **Neue Pinakothek** (Barer Str. 29, ⏲ tgl. außer Mo 10–17, Mi bis 20 Uhr) aus. In unmittelbarer Nachbarschaft zu Alter und Neuer Pinakothek entsteht derzeit die **Pinakothek der Moderne** für Kunst, Architektur und Design des 20. Jhs. (Eröffnung im Jahr 2000).

Das Alte Rathaus am Marienplatz beherbergt das Spielzeugmuseum

Tipp In der **Alten** und **Neuen Pinakothek** finden zu den Abendöffnungen um 18.30 Uhr kostenlose Führungen statt.

Für die richtige Einstimmung auf den Kunst- und Kulturtrip nach Oberbayern sorgt das ***Bayerische Nationalmuseum** (Prinzregentenstr. 3, ⏲ Di–So 9.30–17 Uhr), das Kunst und Kunstgewerbe von der berühmten Madonna mit Kind bis zum Hafnergeschirr aus Bauernküchenkästen zeigt.

Das *****Deutsche Museum** (Isarinsel, Ludwigsbrücke, ⏲ tgl. 9–17 Uhr) hat schon so manchem die Scheu vor der Technik genommen, da es naturwissenschaftliche Sachverhalte anschaulich demonstriert und erlebbar macht.

Das Nationaltheater, erste Adresse für Opern und Konzerte

Am Königsplatz zeigt die ***Glyptothek** antike Plastiken in großer Zahl und hoher Qualität (⏲ Di, Mi, Fr 10–16.30, Do 12–20.30 Uhr). Gleich gegenüber bieten die ****Staatlichen Antikensammlungen** eine höchst sehenswerte Kollektion antiker Kleinkunst (Di, Do–So 10–16.30, Mi 12–20.30 Uhr).

Um jüngere Kunst geht es im ****Lenbachhaus,** dem Mekka all jener, die auf den Spuren des Blauen Reiters wandeln. Viele Motive der ausgestellten Hauptwerke von Kandinsky, Marc oder Münter lassen sich auf der weiteren Reise ins Voralpenland vor Ort nacherleben (Luisenstr. 33, tgl. außer Mo 10–18 Uhr).

Feldherrnhalle und Theatinerkirche am Odeonsplatz

Wie die Wittelsbacher Herzöge und Könige wohnten und in Gold und Diamanten schwelgten, zeigen die

Prunkräume (aus Renaissance, Rokoko und Klassizismus) des * **Residenzmuseums** und die **Schatzkammer** der Residenz (Max-Joseph-Platz 3, tgl. außer Mo 10–16.30 Uhr).

Tipp Skurriles und Sonderbares zeigt das liebenswerte **„Valentin-Musäum"**, das dem großen Münchner Komiker Karl Valentin gewidmet ist (im Isartorturm, Mo, Di, Fr, Sa 11.01–17.29, So 10.01–17.29 Uhr).

Grüne Oasen

Auf ** **Schloss Nymphenburg** (ca. 8 km westl. vom Stadtzentrum im schönen Nymphenburger Schlosspark, tgl. außer Mo 10–12.30, 13.30–16 Uhr; im Sommer 9–12.30, 13.30–17 Uhr) verbrachte der Hof die Sommermonate. Hauptattraktion unter den barocken und klassizistischen Prunkgemächern ist das Geburtszimmer von König Ludwig II., wo er 1845 das Licht der Welt erblickte. Viel Aufmerksamkeit ziehen aber auch 38 junge Frauen auf sich, deren Porträts König Ludwig I. in einer *Schönheitengalerie* verewigen ließ. Die „Schönheitengalerie" von Ludwig II. ist zwischen königlichen Prunkkarossen im benachbarten * *Marstallmuseum* im Südflügel des Schlosses zu sehen, allerdings handelt es sich hierbei um seine gemalten Reitpferde. Im Schloss wohnte und repräsentierte die höfische Gesellschaft, in den barocken Parkburgen im Garten amüsierte sie sich: Die *Amalienburg* des genialen Rokokoarchitekten François de Cuvilliés bot sich zum Feiern nach der Jagd an, die *Badenburg* diente dem kurfürstlichen Planschvergnügen, und in die *Pagodenburg* kehrte die feine Gesellschaft nach Spiel und Spaziergängen im Park zum Tee ein. Einzig die *Magdalenenklause* sollte mit ihren klösterlich-kargen Wohnräumen zur Askese anhalten. (Die zuletzt genannten Parkburgen sind nur April bis Sept. tgl. außer Mo 10–12.30, 13.30 bis 17 Uhr zu besichtigen; die Amalienburg tgl. 9–12.30, 13.30–17, im Winterhalbjahr 10–12.30, 13.30–16 Uhr.)

Mensch und Natur

Unter dem Motto „Spielerische Naturkunde nicht nur für Kinder" bietet das *Museum Mensch und Natur* (Nordflügel Schloss Nymphenburg, tgl. außer Mo 9–17 Uhr) spannende Unterhaltung, bei der man allerhand Wissenswertes zu Pflanzen, Tieren und Menschen erfährt.

Im * **Tierpark Hellabrunn** (tgl. 9 bis 17 Uhr) leben die Tiere nach ihren Herkunftserdteilen geordnet. Hauptattraktionen sind das denkmalgeschützte *Elefantenhaus,* eine auch für Besucher begehbare *Vogel-Großvoliere,* das *Polarium* für Seelöwen, Pinguine und Eisbären sowie das neue zeltähnliche *Haus der Raubkatzen,* wo Glas das Käfiggitter ersetzt. Kleine Besucher können im *Kindertierpark* oder auf der *Streichelwiese* mit Vierbeinern nähere Bekanntschaft schließen.

Münchens „grüne Lunge", der ** **Englische Garten,** ist ein Dorado für Spaziergänger, Hundebesitzer, Sonnenanbeter, Freizeitsportler und Musiker. Den berühmtesten Biergarten gibt es am Chinesischen Turm.

Einen Biergarten am Wasser bietet das **Seehaus** (gepflegtes Restaurant mit Kaffeeterrasse) am Kleinhesseloher See, wo man Ruder- und Elektroboote mieten kann. $

Die XX. Olympischen Sommerspiele von 1972 haben München mit dem **Olympiapark** attraktive Sportanlagen und eine parkähnliche Freizeitlandschaft hinterlassen. Das berühmte Zeltdach überspannt das Olympiastadion, Heimkampfarena des FC Bayern und des TSV 1860 München, die als Mehrzweckhalle konzipierte Olympiahalle und die Olympische Schwimmhalle. Im Olympia-Radstadion hat mit *Olympic Spirit* ein interaktives Erlebniscenter rund um den olympischen Sport eröffnet, mit Sport-Café und Sport-Shop (Mo–Fr 10–18, Sa/So 10–19 Uhr).

Tipp Einen schönen Blick auf das Gelände, zu dem auch der *Fernsehturm* und ein künstlicher See mit kleiner Freilichtbühne (im Sommer kostenlose Konzerte) gehören, hat man vom Olympiaberg (52 m).

Am Königsplatz steht die Glyptothek

Praktische Hinweise

Tourist Information am Hauptbahnhof (Bahnhofsplatz 2), ☏ 0 89/23 33 02 57/58, ⌚ Mo–Sa 9–20, So/Fei 10–18 Uhr; Tourist Information am Marienplatz, Neues Rathaus, ☏ 23 33 02 72/73, ⌚ Mo–Fr 10–20, Sa 10–16 Uhr, Postanschrift: Fremdenverkehrsamt, 80313 München, ☏ 2 33 03 00, FAX 23 33 02 33.

Schloss Nymphenburg

Bayerischer Hof, Promenadeplatz 2, ☏ 2 12 00. Traditionsreiches Nobelhotel in zentraler Lage. $$$
Rafael, Neuturmstr. 1, ☏ 29 09 80. Feine Luxusherberge für Genießer ohne Geldsorgen. $$$
Platzl, Sparkassenstr. 10, ☏ 2 37 03-0. Gehobenes Mittelklassehotel; freundlicher, umweltbewusster Service. $$
Advokat, Baaderstr. 1, ☏ 21 63 10. Nüchtern-modern gestyltes Hotel nahe dem Europäischen Patentamt und dem Deutschen Museum. $$
Fürst, Kardinal-Döpfner-Str. 8, ☏ 28 10 44. Einfache Pension Nähe Odeonsplatz. $
Augsburg, Schillerstr. 18, ☏ 59 76 73. Einfach und sauber, im Zentrum. $
Bed & Breakfast, Schulstr. 36, ☏ 1 68 87 81. Vermittlung von Zimmern mit/ohne Frühstück in individueller Atmosphäre. $–$$$
Münchner Mit-Wohn-Börse, Georgenstr. 45, ☏ 1 94 45, Mo–Fr 9–13, 14–18, Sa 9–13 Uhr. Unterbringung in Privatzimmern. $–$$

Der Monopteros blickt über den sommerlichen Betrieb im Englischen Garten

⚠ **Thalkirchen,** Zentralländstr. 49, ☏ 7 23 17 07, im Landschaftsschutzgebiet des Isartals.

Königshof, Karlsplatz 25, ☎ 55 13 60. Hier tafelt man in gediegener Atmosphäre mit Kristallleuchtern. $$$

Kays Bistro, Utzschneiderstr. 1, ☎ 2 60 35 84. Neue internationale Küche, verrücktes Ambiente aus Hollywood-Glitzerdekorationen. $$$

Spatenhaus, Residenzstr. 12, ☎ 29 07 06-0. Traditionsrestaurant bei der Oper, gehobene bayerische und internationale Küche. $$–$$$

Sum, Marienplatz 2. Köstlich leichte vietnamesische Häppchen, im 4. Stock des Kaufhauses Beck. $$

Buxs, Frauenstr. 9. Exzellentes vegetarisches Büffet zur Selbstbedienung. $$

Augustiner Gaststätten, Neuhauserstr. 27, ☎ 23 18 32 57. Altmünchner Bräuhaus-Atmosphäre zwischen Stuck und Hirschgeweihen, schöner lauschiger Arkadenhof. $–$$

Zum Spöckmeier, Rosenstr. 9, ☎ 26 80 88. Traditionsgaststätte, für ihre Weißwürste berühmt. $–$$

Straubinger Hof, Blumenstr. 5, ☎ 2 60 84 44. Eines der wenigen echt bayerischen Wirtshäuser in München, solide Küche zu zivilen Preisen. $

Ausflüge in die Umgebung

Freising

Auf dem einen Berg regiert der Bischof, auf dem anderen die Braukunst. Das war hier schon immer so, in dieser ältesten Stadt zwischen Regensburg und Bozen. Mit der Aussicht, auf dem „Bierberg“ Weihenstephan unter Kastanien zum gemütlichen Teil des Tages überzugehen (im Biergarten und Bräustüberl der bayerischen Staatsbrauerei), bietet sich der „Domberg“ zur ausgedehnten Besichtigung an. Auf seinem Rücken entstand seit Gründung des Bistums im 8. Jh. eine regelrechte Stadt für sich, überragt von den beiden trutzigen Spitztürmen des romanischen ***Mariendoms** (1205). Innen birgt die Kirche hervorragende Kunstschätze aus allen Stilepochen. Ihre festliche Rokokoausstattung – Stuck und Fresken – erhielt sie von den Brüdern Asam. Aus romanischer Zeit stammt die *Krypta* mit reich skulptierter „Bestiensäule“.

„Mons doctus“

Über den Kreuzgang des Mariendoms gelangt man in den vornehmen Barocksaal der *Dombibliothek.* Das enorme Wissen, das zwischen Buchdeckel gepresst die Regale füllt, begründete seit dem 8. Jh. den Ruf Freisings als geistiges Zentrum des Landes, wo Bücher nicht nur gesammelt, sondern auch geschrieben wurden. Nicht von ungefähr nannte man den Domberg „mons doctus“, Berg der Gelehrsamkeit.

Mit der **Fürstbischöflichen Residenz** (heute religiöses Bildungszentrum) bauten sich die geistlichen Landesherren vom 14.–17. Jh. neben dem Dom ihr Schloss. Das **Diözesanmuseum** (Domberg 21, ☎ 0 81 61/9 24 32, 🕒 Di–So 10–17 Uhr) zeigt ein Ausstellungsspektrum aus neun Jahrhunderten, das von der byzantinischen Ikone bis zur neapolitanischen Weihnachtskrippe reicht.

Über Katzenkopfpflaster und enge Gassen geht es hinunter zum Marienplatz, um den sich im Schatten des Dombergs das bürgerliche Zentrum entwickelte. Die *Hauptstraße* säumen noch viele stattliche gotische, barocke und klassizistische Bürgerhäuser. Für Kunstinteressierte empfiehlt sich ein Abstecher in den Stadtteil Neustift zur ehemaligen **Klosterkirche St. Peter und Paul,** heute Stadtpfarrkirche. Bei diesem Kleinod bayerischer Rokokokunst bürgen Johann Baptist Zimmermann als Maler und Stuckator sowie Ignaz Günther als Bildhauer für beste Qualität.

Wer **Weihenstephan** sagt, meint in erster Linie die berühmte Brauerei auf dem Berg, die älteste Brauerei weltweit, die noch in Betrieb ist. Man nimmt an, dass die Mönche, die hier ein Benediktinerkloster hatten, bereits 1040 vom Freisinger Bischof das Recht bekamen, den Gerstensaft zu brauen. Heute gehört die Brauerei dem bayerischen Staat. (Führungen Mo–Do nach Anmeldung, ☏ 0 81 61/30 21.) Zum Renommee Weihenstephans haben aber auch die Lehr- und Forschungsanstalten der Technischen Universität beigetragen, u. a. mit den Fakultäten Landwirtschaft, Gartenbau, Lebensmitteltechnologie und Brauwesen.

Der Olympiapark mit dem markanten Zeltdach des Stadions

Das **Museum im Schafhof** zeigt die Geschichte der Landwirtschaft in Bayern seit 1800. Untergebracht ist es in einem denkmalgeschützten Gebäude, 1819/20 für die Merinoschafherde von König Max I. errichtet. Themen sind auch gesunde Ernährung sowie art- und umweltgerechte Tierhaltung (Plantagenweg 63, ☏ 0 81 61/2 12 72, ⏲ Di–So 10–17 Uhr).

Freising liegt 33 km nordöstlich von München und ist bequem mit der S-Bahn zu erreichen (S 1); Fahrzeit ab Stadtmitte ca. 50 Minuten.

Fremdenverkehrsamt, Marienplatz 7, 85354 Freising, ☏ 0 81 61/5 41 22.

Bayerischer Hof, Untere Hauptstraße 4, ☏ 0 81 61/ 30 37. Erstes Haus am Platz, gute bayerische Küche. ($)
Furtnerbräu, Obere Hauptstraße 42, ☏ 0 81 61/79 73. Einfacher Gasthof mit Fremdenzimmern. ($)

Bräustüberl Weihenstephan, ☏ 1 30 04. Restaurant mit beliebtem Biergarten. ($)

Fürstenfeldbruck: Klosterkirche Fürstenfeld

Fürstenfeldbruck

Fürstenfeldbruck, westlich von München an der Amper gelegen, führt seine Entstehung auf den alten Markt Bruck zurück, der heute im Wesentlichen mit dem Altstadtkern identisch ist. Bereits im 14. Jh. ging diese Ansiedlung am Flussübergang mit dem weiter südlich gelegenen Kloster Fürstenfeld zusam-

Der Dom zu Freising

men. Weil Herzog Ludwig der Strenge aus blinder Eifersucht seine junge Frau hatte hinrichten lassen, stiftete er zur Sühne 1263 das Kloster und übergab es dem Zisterzienserorden. Den prächtigen Kirchenneubau errichtete 1718–38 Johann Georg Ettenhofer. Der herrlich weite Raum wirkt freundlich durch den zierfreudigen Stuck von Appiani und die farbigen Fresken von Cosmas Damian Asam, die das Leben des hl. Bernhard von Clairvaux zum Thema haben.

Dachau

(38 000 Einw.) – der Name wird auch heute noch mit dem Grauen unter dem Nazi-Regime gleichgesetzt. Kaum jemand verbindet mit der 14 km westlich von München gelegenen Kreisstadt die hübsche, sorgfältig renovierte Altstadt am Schlossberg. Vom **Schloss,** einer ehemals vierflügeligen Renaissanceanlage, die sich Kurfürst Max Emanuel zur barocken Sommerresidenz umgestalten ließ, steht noch der Südwesttrakt mit dem Festsaal und prächtiger Kassettenholzdecke aus der Renaissance. Ähnlich wie Worpswede erlangte Dachau um 1900 Berühmtheit als Künstlerkolonie. Die damals einmalige Moorlandschaft mit ihren faszinierenden Lichtstimmungen und dem weiten Himmel übte auf die Freiluftmaler starke Anziehungskraft aus. Ihre Werke sind in der **Gemäldegalerie** (◷ Mi–Fr 11–17, Sa, So u. Fei 13–17 Uhr) gegenüber vom Rathaus zu besichtigen.

Am Ostrand Dachaus liegt die **KZ-Gedenkstätte** (Robert-Bosch-Str., ◷ Di bis So 9–17 Uhr; Dokumentarfilm um 11 und 15 Uhr). Im ehemaligen Wirtschaftsgebäude des Konzentrationslagers dokumentiert ein Museum den nationalsozialistischen Terror. 1933 bis 1945 gingen mehr als 200 000 Häftlinge durch das KZ und seine Außenlager; über 32 000 starben durch Folter, Hinrichtung, Hunger und Seuchen.

Verkehrsverein, K.-Adenauer-Str. 3, 85221 Dachau, ☎ 0 81 31/8 45 66.

Zieglerbräu, K.-Adenauer-Str. 8, 85221 Dachau, ☎ 0 81 31/40 73. Solide Unterkunft mit bayerischer Gaststätte im Altstadtzentrum. $–$$

Die wohl köstlichsten Kuchen und Torten des Umlandes gibt es im **Café Weißenbeck** im Hotel Schwarzberghof, Augsburger Str. 105, Dachau-Webling, ☎ 35 29 61.

Die Basilika auf dem *Petersberg* bei **Erdweg** im Dachauer Hinterland gehört zu den wenigen unveränderten Zeugnissen romanischer Zeit in Bayern. Anfang des 12. Jhs. errichtet, beeindruckt sie durch architektonische Schlichtheit und sparsame Ausstattung.

Schleißheim

Östlich von Dachau liegen die Schlösser von Schleißheim. Mit dem **Neuen Schloss** (◷ Di–So 10–12.30, 13.30–16; April–Okt. bis 17 Uhr) verwirklichte Kurfürst Max Emanuel zu Anfang des 18. Jhs. seinen Traum vom „bayerischen Versailles“ und engagierte für dieses Großprojekt Spitzenkräfte wie Ignaz Günther, Cosmas Damian Asam, Johann Baptist Zimmermann. Am anderen Ende des französischen Gartens liegt ***Schloss Lustheim** (◷ w. o.), das Max Emanuel seiner Braut zur Hochzeit schenkte. In den Prunkräumen ist Meißner Porzellan ausgestellt. Das **Alte Schloss** (◷ w. o.) diente den etwas bescheideneren Vorgängern des Kurfürsten als Hofhaltung und ist nun Bau des *Museums Ostpreußen-Westpreußen.*

Luftfahrtgeschichte

Nicht weit von den Schlössern liegen die ***Flugwerft Schleißheim** und das **Luftfahrtmuseum,** eine Dependance des Deutschen Museums (◷ tgl. 9–17 Uhr). Von den Fluggerippen Otto Lilienthals bis zum Starfighter führt die Sammlung wichtige Kapitel der Geschichte des Motorflugs vor.

Route 1

1

Seite 37

Das Fünfseenland – Münchens Côte d'Azur

Starnberger See – Ammersee – Pilsensee – Wörthsee – Weßlinger See (118 km)

Morgenstimmung am Starnberger See bei Tutzing

Aus der Froschperspektive eines Schwimmers gesehen hat die glitzernde Wasseroberfläche die Weite des Meeres. Am Horizont tauchen die Alpengipfel aus dem Wasser, zum Greifen nahe. Zur blauen Stunde, wenn sich der See langsam dunkel färbt und die Boote friedlich vertäut im Hafen liegen, trägt ein laues Abendlüftchen anheimelndes Stimmengewirr aus einem nahen Biergarten auf den See hinaus. Was die südwestlich der Landeshauptstadt gelegene Region mit ihren Seen, Münchens „Badewannen", so anziehend macht, ist neben ihrem Naherholungswert ihre Vielseitigkeit: Monarchen und Mönche, Schlösser, Villen und Barockkirchen laden zur historischen und architektonischen Spurensuche ein, eine volle Maß auf Bayerns „Heiligem Berg" und kulinarische Ankerplätze mit hauseigenem Anlegesteg sorgen fürs leibliche Wohl.

Rund um den Starnberger See sind noch zahlreiche alte Villen erhalten

Nicht von ungefähr heißt der *Starnberger See* im Volksmund Fürstensee, entdeckten ihn doch bereits die bayerischen Barockfürsten für sich: Unter den staunenden Augen der Fischer und Bauern ließen sie ihre schwimmenden Paläste – stolze Prunkschiffe wie den „Bucentaur" – zu Wasser, um an Bord ihre Feste zu feiern. Im Gefolge von königlichen und kaiserlichen Sommer-

Bootssteg bei Seeshaupt

1
Seite 37

frischlern siedelten sich im 19. Jh. dann Adel und Großbürgertum an. In ihren Schlösschen und Villen wohnt heute z. T. millionenschwere Prominenz. Von 49 km Uferlänge ist mehr als die Hälfte in privater Hand.

„Demokratischer" und ländlicher gibt sich der *Ammersee*, der auch der Bauernsee genannt wird. Von 42 km Uferlänge sind immerhin nur 10 km aus privatrechtlichen und etwa ebenso viele aus Umweltschutzgründen nicht betretbar – die ganze Südspitze etwa gehört der Vogelwelt –, der Rest aber ist frei zugänglich, und zwischen Barockkirchen, Schilf und Kuhweiden lassen sich noch manche mehr oder weniger versteckten Winkel entdecken.

Tipp Wer absolut stilecht ein Seerestaurant vom Wasser aus ansteuern oder einfach das Auto zu Hause lassen möchte, nimmt ab München den Zug oder die S-Bahn und begibt sich in Starnberg bzw. Stegen am Ammersee an Bord eines Schiffs der weißblauen Flotte. Fahrräder können mitgenommen werden. Die Rundfahrt lässt sich für Landausflüge unterbrechen.

Staatliche Schifffahrt Starnberger See, Dampfschiffstr. 5, 82319 Starnberg, Fax 0 81 51/1 52 29; Staatliche Schifffahrt Ammersee, Landsberger Str. 81, 82266 Inning/Stegen, Tel. 0 81 43/9 40 21, Fax 9 40 23; Fahrpläne s. Kursbuch der Bahn.

Starnberg

Der bekannteste Ort (22 000 Einw.) am See, der früher „Würmsee" hieß, gab dem Gewässer seinen amtlichen Namen. Wassersportclubs, Edelboutiquen, Strandpromenaden und Neubaufassaden entlang verkehrsreicher Straßen bestimmen das Gesicht der modernen Kreisstadt. Den schönsten Empfang hält Starnberg für jene bereit, die mit der S-Bahn oder dem Nahverkehrszug ankommen, denn der Bahnhof liegt mit Blick auf den Dampfersteg direkt am See. Das ist schon seit dem 19. Jh. so, als mit Eröffnung der Bahnlinie 1854 die ersten Münchner Sommerfrischler an den See zogen.

Einen schönen Blick über die Dächer der Stadt auf den See hat man von dem erhöht liegenden **Schloss** (heute Finanzbehörde) und der benachbarten **Alten Pfarrkirche St. Joseph** aus. Für ihren Hochaltar zeichnete der berühmte bayerische Rokokobildhauer Ignaz Günther verantwortlich; eine graziöse Heiligenfigur desselben Künstlers ist im nahen **Heimatmuseum** zu bewundern. In einem alten Bauernhaus mit knarzenden Holzdielen untergebracht, geben die Sammlungen einen authentischen Einblick in Historie, Gewerbe und Brauchtum des Fünf-Seen-Landes.

Hotel garni Bayerischer Hof, Bahnhofsplatz. 12, Tel. 0 81 51/27 50, Fax 1 21 90. Imposantes Haus am See; Caféterrasse und Restaurant, eigene Wasserski-Schule in Possenhofen. (S))
Park- und Strandhotel Schloss Berg, Ölschlag 9, 82335 Berg, Tel. 0 81 51/96 30, Fax 9 63 52. Schön am Seeufer und Dampfersteg gelegen, erstklassiger Komfort. (S))
Gästehaus Lechnerhof, Oberlandstr. 25–27, 82335 Aufhausen, Tel. 0 81 51/5 05 08, Fax 5 03 32. Ferienwohnungen mit großem naturnahem Garten, Kinderbetreuung möglich. (S)
Sonnenblick, Buchhofstr. 33, 82319 Starnberg-Percha, Tel. 0 81 51/8 95 61, Fax 27 47 18. Individuelles Gästehaus in ruhiger Lage, familiär. (S)–(S))

Undosa, Seepromenade 1, Tel. 80 21, Fax 2 81 68. Großes Restaurant mit Seeterrasse, am Wochenende mit Tanz. (S)
Starnberger Alm, Schlossbergstr. 24, Tel. 1 55 77. Bayerische und schwäbische Küche, Andechser Bier. (S)
Schlossgaststätte Leutstetten, Ortsteil Leutstetten, Altostr. 10, Tel. 81 56, Fax 81 46. Gemütliche Wirtschaft mit Biergarten gegenüber dem Schloss, in dem die Nachkommen der Wittelsbacher leben. (S)

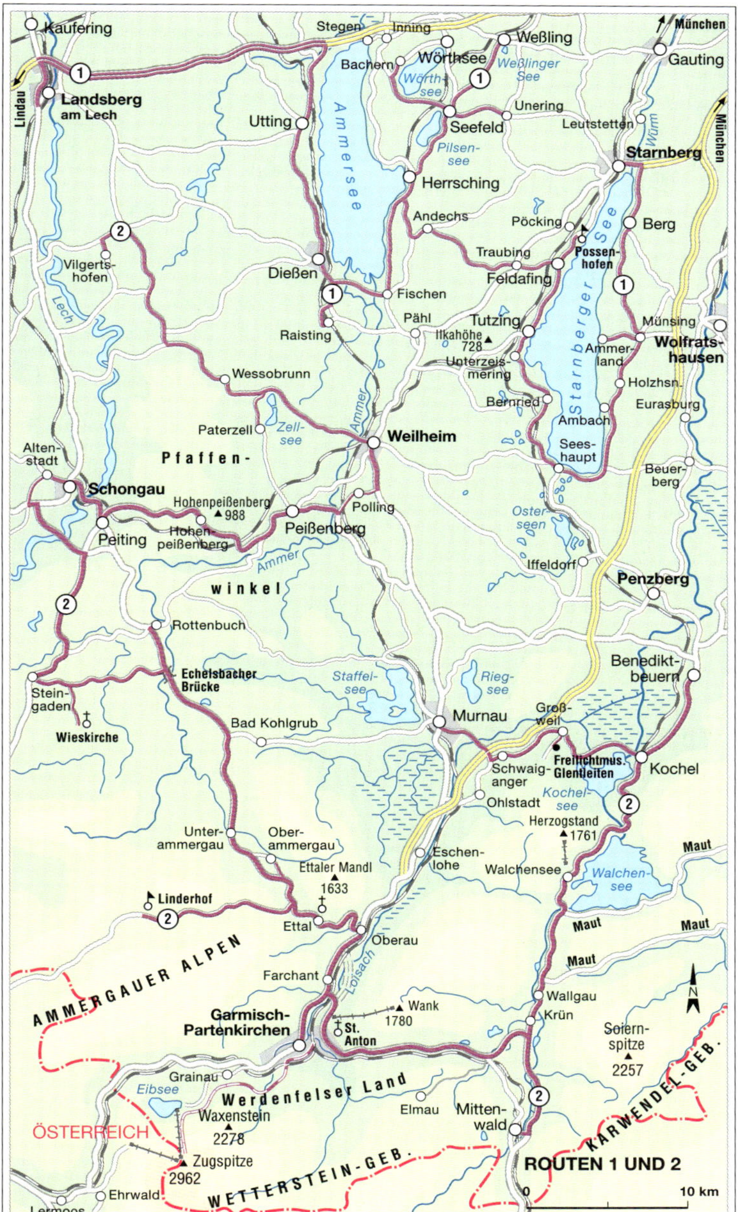
ROUTEN 1 UND 2
0
10 km
N
Kaufering
Stegen
Inning
Weßling
München
Gauting
Bachern
Wörthsee
Wörth-see
Weßlinger See
Lindau
Landsberg am Lech
Utting
Ammersee
Unering
Seefeld
Leutstetten
Würm
München
Pilsen-see
Starnberg
Herrsching
Andechs
Pöcking
Berg
Traubing
Possen-hofen
Vilgerts-hofen
Dießen
Feldafing
Fischen
Lech
Pähl
Tutzing
Münsing
Raisting
Ilkahöhe 728
Ammer-land
Wolfrats-hausen
Unterzeis-mering
Starnberger See
Wessobrunn
Holzhsn.
Bernried
Eurasburg
Ambach
Paterzell
Zell-see
Ammer
Weilheim
Alten-stadt
Pfaffen-
Sees-haupt
Beuer-berg
Schongau
Hohenpeißenberg 988
Polling
Peiting
Hohen-peißenberg
Peißenberg
Oster-seen
Ammer
Iffeldorf
winkel
Penzberg
Rottenbuch
Benedikt-beuern
Echelsbacher Brücke
Staffel-see
Rieg-see
Stein-gaden
Wieskirche
Bad Kohlgrub
Murnau
Groß-weil
Freilichtmus. Glentleiten
Kochel
Schwaig-anger
Ohlstadt
Kochel-see
Herzogstand 1761
Unter-ammergau
Ober-ammergau
Eschen-lohe
Maut
Ettaler Mandl 1633
Walchensee
Walchen-see
Linderhof
Ettal
Oberau
Maut
Maut
AMMERGAUER ALPEN
Loisach
Maut
Farchant
Wallgau
Wank 1780
Krün
Garmisch-Partenkirchen
St. Anton
Soiern-spitze 2257
Grainau
Eibsee
Werdenfelser Land
Elmau
Mitten-wald
KARWENDEL-GEB.
Waxenstein 2278
ÖSTERREICH
Zugspitze 2962
WETTERSTEIN-GEB.
Ehrwald
Lermoos

1

Seite 37

Tipp Idyllisch liegen Ausflugsgaststätte und Biergarten **Obermühltal** oberhalb der Würm, 4 km nördl. von Starnberg. Am Wochenende spielt eine Band Oldies und Jazz (S-Bahn-Station Mühlthal). ($)

Zur Südspitze nach Seeshaupt zu den * Osterseen

Zwischen Berg und Ambach ist die Uferstraße für den Durchgangsverkehr gesperrt, so dass man dem Streckenverlauf etwas weiter östlich folgt. Von *Münsing* aus führt eine kurze Abzweigung wieder an den See nach **Ammerland.** Gehörte der Ort einst Fischern und Bauern, so wohnen heute in alten Villen und großen Höfen viele Künstler und Literaten. Bekanntester Bewohner des *Schlosses* mit seinen beiden Zwiebeltürmen war im 19. Jh. der „Kasperl-Graf" Pocci; u. a. war er Zeichner und Dichter, der in seinen Marionettentheaterstücken für die Kinder die literarische Figur des Kasperl Larifari erfand.

Zurück auf der Hauptroute geht es durch Hügel- und Weideland zum Dorf **Holzhausen** mit seinem hübschen barocken *Wallfahrtskirchlein.* Kirche und Friedhof liegen idyllisch auf einer Anhöhe, von wo sich ein herrlicher Blick auf den See und bei Föhn auf die Alpen bietet. Der Kirchberg ist Ausgangspunkt für mehrere Spaziergänge, u. a. nach Ammerland und Ambach am See.

Zum Fischmeister, Ambach, ☎ 0 81 77/5 33. Schöner alter Hof mit Restaurant und Biergarten am Dampfersteg, Mo/Di geschl. ($)

Bei **Seeshaupt** (2700 Einw.), 32 km, ist die Südspitze des Sees erreicht; vom Dampfersteg aus hat man den See noch einmal in ganzer Länge vor sich. Seeshaupt ist idealer Ausgangspunkt für Touren in das nahe Naturschutzgebiet **Osterseen.** Um die 20 Seen und Weiher, teilweise mit Wasserläufen verbunden, durchsetzen diese reizvolle Hochmoor-Landschaft, ein Dorado für Spaziergänger und Radfahrer. Die Osterseen haben ihren Ursprung in einem Gletscherblock der Eiszeit, der bei der Schmelze in seine Einzelteile zerbrach und das mitgenommene Geröll vor Ort

König Ludwig in Berg

Auf Schloss Berg, das heute noch den Wittelsbachern gehört, zog sich Ludwig II. vor der lauten Welt zurück. Um sich aufdringliche Touristen, die schon damals wie Heuschreckenschwärme über das Dorf mit dem Schloss herfielen, vom Leibe zu halten, war dem argwöhnischen König jedes Mittel recht: Im Schlosspark ließ er Wachen aufstellen, Ruderboote mussten schnell am Berger Seeufer vorbeifahren, Dampfschiffpassagieren wurden die Ferngläser konfisziert und erst wieder hinter Leoni ausgehändigt. Das jedenfalls erzählt Oskar Maria Graf (s. S. 20) in seinem Buch „Das Leben meiner Mutter". Als Ludwig II. später entmachtet und entmündigt wurde, sollte er den Rest seines Lebens in Berg auf seinem Schloss verbringen. Ein Tag nach seiner demütigenden Einlieferung, am 13. Juni 1886, brach er mit dem behandelnden Arzt zu einem letzten Spaziergang auf, von dessen für beide tödlichem Ausgang bis heute nicht klar ist, ob es sich um Mord, Selbstmord oder missglückten Fluchtversuch handelte. Ein schlichtes Kreuz im See bezeichnet die Stelle, wo man die Leichen fand. Nicht nur bei der Gedenkfeier, die alljährlich zu Ehren des populären Königs in der nahen Votivkapelle abgehalten wird, zeigt sich, dass der Kult um den „Kini" die bizarrsten Blüten treibt. „In Berg verlebte Ludwig die sonnigste und die düsterste Zeit seines Lebens – wie in einem Ring berühren sich hier Anfang und Ende." (Luise von Kobell, s. S. 51.)

1

Seite 37

ablud. Dadurch blieb dem Schmelzwasser der Abfluss versperrt, und es entstanden sogenannte „Toteisseen“.

Verkehrsgemeinschaft Südlicher Starnberger See – Osterseengebiet, Hofmark 9, 82393 Iffeldorf, ☏ 0 88 56/9 28 60.

Landgasthof Osterseen, Hofmark 9, 82393 Iffeldorf, ☏ 0 88 56/10 11. Reizvolle Lage am Rand der Osterseen, mit herrlichem Blick auf Seenplatte und Alpen; komfortable Unterkunft mit Restaurant und Caféterrasse. ($)

Ausflugsdampfer auf dem Starnberger See

Bernried und Tutzing

Vom Dampfersteg in **Bernried,** 38 km, (2000 Einw.) aus lassen sich lohnende Touren zu Fuß unternehmen. Am See, umgeben von einem Parkgelände, entsteht das *Museum der Phantasie* nach den Plänen des Olympia-Architekten Günter Behnisch. Es wird die Expressionisten-Sammlung des Autors und Sammlers Lothar Günther Buchheim aufnehmen (Eröffnung Sommer 2000). Nordwärts führt ein ahorn- und lindengesäumter Fußweg über Schloss und Park Höhenried bis Tutzing (7 km); kurz vor Unterzeismering streift der Weg das Naturschutzgebiet „Karpfenwinkel“, das letzte zusammenhängende Schilfgebiet des Sees.

Empfehlenswerte Gastwirtschaft am Weg bei Unterzeismering: **Bauerngirgl** (($)).

Der Nachbarort **Tutzing** (9300 Einw.), 43 km (Endstation der S-Bahn von München), bietet in Richtung Nordspitze des Sees idyllische Badeplätze. Von dem lang gezogenen Wiesenbuckel der *Ilkahöhe* (728 m) hat man einen traumhaften Blick über den See bis zu den Allgäuer und Salzburger Alpen. (Zu erreichen über Wanderwege vom Bahnhof Tutzing; Gehzeit etwa 40 Minuten.)

Die schön gelegene Wallfahrtskirche von Holzhausen

Badeanstalt bei Utting am Ammersee

1

Seite 37

Gasthof „Zum alten Wirt", Weilheimer Str. 1, 82327 Tutzing-Traubing, ☎ 0 81 57/12 43, Fax 92 97 95. Kinder sind gern gesehene Gäste; Biergarten und gutbürgerliche Küche. $

Midgardhaus, Midgardstr. 3, 82327 Tutzing, ☎ 0 81 58/ 12 16. Edles Lokal in schöner Lage am See, Biergarten mit Selbstbedienung; tgl. 11.30–14, 18–22 Uhr. $$$

Feldafing

Feldafing (4100 Einw.), 49,5 km, hebt sich schon allein dadurch nobel von seinen Nachbarorten am See ab, dass entlang der Durchgangsstraße keine gesichtslosen Neubaufassaden zu sehen sind; statt dessen steht da ganz singulär wie eine Villa das Rathaus, sieht man zwischen uralten Baumkronen teure Appartementhäuser, und vor allem schweift der Blick über die parkähnliche Golfanlage zum See.

Im Golf-Hotel **„Kaiserin Elisabeth"** verbrachte die österreichische Kaiserin „Sisi" samt Gefolge ihren Heimaturlaub zwei Dutzend Sommer hintereinander. Die herrschaftliche Café-Terrasse mit Blick über Parkgelände und See könnte aus der k. u. k. Monarchie stammen und steht auch Nicht-Hotelgästen zur Verfügung (82340 Feldafing, Tutzinger Str. 2–6, ☎ 0 81 57/10 13; $$$).

Der richtige Ort, um bei Kaffee und Kuchen noch einmal in Gedanken bei „Sisi" zu verweilen: Auf der nahen **Roseninsel,** der einzigen Insel des Sees, traf sie sich mit ihrem Vetter, dem jungen Kronprinz Ludwig. Dem Rosengärtlein seines Vaters hatte der spätere König Ludwig II. noch an die tausend Rosenstöcke hinzugefügt und der Insel damit ihren Namen gegeben. Die königliche Villa gehört heute dem bayerischen Staat und bietet in ihrem baufälligen Zustand einen eher traurigen Anblick. (Überfahrt mit einem historischen Boot an sonnigen Wochenenden, Mai–Okt.)

Schloss Possenhofen

Hier verbrachte „Sisi" ihre Jugend und fand in der nächsten Umgebung das ideale Terrain zum Ausreiten, Spazieren gehen und Wettschwimmen. Aus dem munteren Wildfang wurde eine lebenslustige, für ihre Zeit ungewöhnlich sportliche Frau – kein Wunder, dass sie später als Kaiserin dem stocksteifen Zeremoniell der Wiener Hofburg zu entfliehen suchte, wann immer sie nur konnte. Das Schloss ist heute in Privatbesitz und nicht von innen zu besichtigen. Der Schlosspark geht in ein Erholungs- und Badegelände („Paradies") mit altem Baumbestand über.

Andechs

Von den Schlössern am Starnberger See geht es durch bäuerliches Hügelland zu den Ammerseeklöstern. Auf dem „Heiligen Berg" steht die Kloster- und Wallfahrtskirche von Andechs, 63 km. Auf dem bewaldeten Höhenrücken thronte einst die Burg der Grafen von Andechs und Dießen. Nach dem Aussterben des Geschlechts und der Zerstörung der Befestigungsanlage durch die Wittelsbacher im frühen 13. Jh. gründeten diese im 15. Jh. ein Chorherrenstift, das wenig später in ein Benediktinerkloster umgewandelt wurde. Jetzt konnte auch der Andechser Reliquienschatz aus seinem Münchner Exil in die Kapelle auf dem Heiligen Berg zurückkehren. Er ist in der *Heiligen Kapelle* zu sehen und seit Jahrhunderten Pilgerziel. Die beschwingte Rokokodekoration in der **Kirche** schuf im Wesentlichen der Wessobrunner Freskant Johann Baptist Zimmermann. Blickfang ist die umlaufende Empore, die dazu dient, die Pilgerströme am oberen Altar vorbeizuleiten. So kommen an die 1,5 Millionen Pilger und Besucher pro Jahr – nicht nur um die Rokokokirche zu besichtigen, sondern auch um das würzige Andechser Klos-

1
Seite 37

terbier zu kosten. Auch das kulturelle Programm des Klosters, wie das Festival „Orff in Andechs" (der bayerische Komponist Carl Orff liegt hier begraben) im Juli, zieht viele Besucher an.

Der „Heilige Berg" mit dem Kloster Andechs

Klosterbräustüberl, ☏ 0 81 52/37 62 61. Zünftige Bräuhausstimmung, Selbstbedienung und Biergarten. (\$)

Weniger laut geht es im unterhalb gelegenen **Klostergasthof** zu (Gartenterrasse mit Bergblick). (\$)

Tipp Von Andechs aus führt ein ca. einstündiger Spazierweg hinunter durch das Kiental nach Herrsching (S-Bahn nach München).

Kontrastreich: Wallfahrtskirche und Satellitenfunkstelle Raisting

Herrsching

Der Hauptort (8300 Einw.) am Ammersee liegt an einer großen Bucht, die Segler und Surfer aufgrund der günstigen Windverhältnisse geradezu magisch anzieht. Nicht weniger quirlig geht es zwischen all den Schaulustigen, Bummlern und Ausflüglern auf der Uferpromenade zu, die ohne Unterbrechung 10 km am Wasser entlang bis zum Südende des Sees führt.

Wer sich ein Bild von einer türmchenbewehrten, romantischen Fachwerk-Villa aus der frühen Prinzregentenzeit (1868) machen will, sollte das *Kurparkschlössl* am See ansteuern. In dem ehemaligen Künstlerdomizil lassen sich heute Einheimische gerne trauen.

Das Kurparkschlössl von Herrsching

Strandhotel Seehof, Seestr. 58, 82211 Herrsching, ☏ 0 81 52/12 63. Traditionshotel direkt am Dampferanlegesteg. (\$\$)

Landgasthaus Mühlfeld-Bräu, Herrsching-Mühlfeld, ☏ 0 81 52/55 78. Rustikalregionale Küche, man sitzt rund um die kupfernen Sudkessel, im Sommer mit Biergarten; Mo geschl. (\$\$)

1
Seite 37

Pilsen-, Wörth- und Weßlinger See

Etwas abseits, im „Windschatten" ihrer großen Brüder, liegen die Miniseen des Quintetts im Fünfseenland: *Pilsen-*, *Wörth-* und *Weßlinger See*. Hier geht es etwas gemächlicher zu. Freizeit- und Badeplätze, Boot- und Surfbrettverleihe bestimmen das noch weitgehend unverbaute Terrain an den Ufern, wenn sich auch inzwischen immer mehr Städter mit Zweitwohnsitzen hier niederlassen. Als Sehenswürdigkeit kann man das Barockschloss der Grafen von Toerring-Seefeld, **Schloss Seefeld,** besuchen. Stolz thront es auf der Hangkante über dem Pilsensee und dem Ort Seefeld. Im efeubewachsenen rückwärtigen Hofkomplex hat das Münchner *Völkerkundemuseum* eine Zweigstelle eingerichtet (⌚ Di–So 10–17 Uhr).

Bräustüberl Schloss Seefeld, ☎ 0 81 52/9 91 20. Bayerischer Landgasthof in historischen Gewölben mit Biergarten im Schlosshof. $–$$

Edles und Ausgefallenes rund ums Wohnen bietet der Laden **Kokon** im Schlosshof; ☎ 0 81 52/9 91 40, ⌚ Mo–Sa 10–18, So 11–18 Uhr.

Vom Schloss führt ein Abstecher (4 km) über bäuerliches Hinterland nach **Unering.** Von dem berühmten Architekten Johann Michael Fischer gebaut, ist die Kirche Beispiel dafür, dass die bayerische Rokokokunst selbst in die kleinsten Dörfer noch ihre größten Meister geschickt hat.

Der Winzling **Weßlinger See** ist von Weßling, 118 km, aus in einer Stunde zu Fuß umrundet. Das schilfreiche und baumbestandene Ufer ist idyllisch anzuschauen, wenn auch das ökologische Gleichgewicht des Sees seit Jahren umzukippen droht. Daher wurde in seiner Mitte eine Belüftungsanlage installiert, die das Wasser mit Sauerstoff versorgt und Algenwuchs verhindert.

Landgasthof-Hotel „Alter Wirt", Hauptstraße 49, 82229 Seefeld-Hechendorf, ☎ 0 81 52/77 35, Fax 7 90 31. Direkt an der Kirche, kultivierter Landhausstil, ausgezeichnete bayerische Küche. $$

Gasthof Woerl „Paradieswinkel", Wörthseestr. 25, 82229 Seefeld-Hechendorf, ☎ 0 81 52/7 64 45. Gaststätte, Pension, Campingplatz und Strandbad mit Surfen, Bootsverleih, ruhig gelegen, ideal für Familien; Karfreitag bis Mitte Okt. $

Die Route führt von Herrsching aus über Fischen großräumig um die verschilfte Südspitze des Ammersees. Die Westseite ist etwas ruhiger und weniger touristisch als das Ostufer.

Dießen

Dießen (9 000 Einw.) zog schon von jeher Künstler an. 1732–39 errichtete Johann Michael Fischer das ****Marienmünster** hoch über dem Ort. Mit prächtigen Deckenmalereien und Stuckaturen kreierten Johann Georg Bergmüller und die Gebrüder Feichtmayr einen „neuen Himmel" für Dießen; so jedenfalls sah es der Festredner bei der Einweihung. Unter den Altarkünstlern zeichneten François de Cuvilliés, der Bildhauer Johann Baptist Straub, sogar der venezianische Maler Giovanni Battista Tiepolo verantwortlich. Ein **Orff-**

*Erdfunkstelle Raisting

Rund 5 km südlich des Ammersees steht die von der Telekom betriebene Erdfunkstelle. Ein Dutzend gigantische weiße Antennenschüsseln halten Verbindung zu den Satelliten im All, damit die Kommunikation von Kontinent zu Kontinent reibungslos funktioniert. Ein Besucherzentrum informiert über Aufgabe und kommunikationstechnische Zusammenhänge (⌚ Mo–Fr 9–17 Uhr).

Das Marienmünster zu Dießen

1

Seite 37

Museum (Hofmarkstr. 3, ☎ 0 88 07/15 83, 🕓 Sa/So 14–17 Uhr) erinnert mit Dokumenten und einer Sammlung von Instrumenten an den großen Komponisten, der in Dießen lebte.

Noch heute leben hier viele Künstler und Kunsthandwerker – Töpfer, Weber, Maler, Goldschmiede, Holzbildhauer –, deren Produkte in der Verkaufsausstellung im *Pavillon* am Dampfersteg zu sehen sind.

Strand-Hotel, Jahnstr. 10, 86911 Dießen, ☎ 0 88 07/9 22 20, FAX 89 58. Solides Haus in ruhiger Lage. ($)

Utting

Wo die Seegrundstücke an Kuhweiden angrenzen und alte Eichen das Ufer säumen, steht in Utting (3500 Einw.) im Ortsteil Holzhausen in einem kleinen Landschaftspark am See das **Künstlerhaus Gasteiger** (Eduard-Thöny-Str. 43, 🕓 April–Sept. So 14–17 Uhr und nach Vereinb., ☎ 0 88 06/13 49). Sommersitz, Atelier und Ausstellungsraum zugleich, gibt die Jugendstil-Villa Einblick in einen Künstlerhaushalt um 1900. Mathias Gasteiger war Bildhauer, seine Frau war Malerin. Der Garten geht in eine idyllische Badewiese über.

Tipp Mit dem Schiff zum Biergarten: **Alte Villa** in Utting, Anlegesteg, ☎ 0 88 06/6 17; Juli/Aug. tgl., Sept.–Juni Mo geschl. Zum Frühschoppen (Mai–Sept So/Fei 11.30–14.30 Uhr) spielen Dixielandbands. ($)

* Landsberg

Die B 12, die in die Lindauer Autobahn übergeht, ist die bequemste Verbindung vom Ammersee nach Landsberg (25 000 Einw.) am Lech. Der Weg ins historische Zentrum führt durch eines der Stadttore des noch großteils erhaltenen mittelalterlichen Mauerrings. Steil geht es über holpriges Kopfsteinpflaster die enge Alte Bergstraße hinunter zum Lech. Vom *Bayertor* (Turmbesteigung) im Nordosten kann man über die Dächer der Stadt blicken, die sich mit ihrer Befestigung ans Steilufer des Flusses anschmiegt. Den Namen hat die Stadt von der „Landespurc“, die Heinrich der Löwe 1160 zum Schutz der über die Lechbrücke führenden Salzstraße errichten ließ. Auf einen Politiker, der eigentlich in der Kunst zu Hause war, geht das prächtige **Rathaus** (Hauptplatz) zurück: Dominikus Zimmermann schmückte den Bau, in den er als Ratsherr und später als Bürgermeister einzog, mit einer überreichen Stuckfassade (1720).

Künstler und Politiker

Vom künstlerischen Genius des Landsberger Bürgermeisters Dominikus Zimmermann profitierten die Kirchen in der Altstadt, z. B. die gotische *Stadtpfarrkirche Mariä Himmelfahrt*. Einen Vorgeschmack auf Zimmermanns Meisterwerk, die Wieskirche, gibt die kleine *Johanniskirche* am Vorderanger. Allein schon der Hauptaltar ist eine Augenweide: Putti über Putti krabbeln zwischen üppigen Blumengirlanden umher.

Kultur- und Fremdenverkehrsamt, Rathaus, 86896 Landsberg am Lech, ☎ 0 81 91/12 82 46, FAX 12 81 60.

Goggl, Herkomerstr. 19, ☎ 0 81 91/32 40, FAX 32 41 00. Gutbürgerliches Haus mit bayerischer Küche. ($)

Landgasthof Hohenwart, an der B 17 Richtung Schongau, ☎ 0 82 43/22 31. Angenehme Atmosphäre, sehr gepflegt; gehobene Küche mit guter Auswahl auch für Vegetarier. ($)–($)

Fischerwirt, Rossmarkt 197, ☎ 0 81 91/5 07 28. Gemütliches Gasthaus am Mühlbach, regionale Küche. ($)

Route 2

Pfaffenwinkel und Werdenfelser Land – Klöster, Berge und ein Märchenschloss

2

Seite 37

Wessobrunn – Vilgertshofen – Altenstadt – Wies – Oberammergau – Schloss Linderhof – Garmisch-Partenkirchen – Mittenwald – Benediktbeuern – Murnau (184 km)

Fast keine andere Tour bietet diese Vielfalt an kulturellen und landschaftlichen Sehenswürdigkeiten – Lüftl- und Avantgardemalerei, traditionelles Handwerk und kühne Ingenieursbaukunst, sanfte Hügel, funkelnde Seen und die höchsten Gipfel Deutschlands. Kein Wunder, dass diese Landschaft ihre romantische Anziehung auch auf Ludwig II. ausübte.

Die folgende Route führt durch den Pfaffenwinkel, jene liebliche Landschaft in der südwestlichen Ecke von Oberbayern, in der mehr Kirchtürme in den weißblauen Himmel ragen als irgendwo sonst. Von der Barockkunst zu den Bergen geht es weiter in das Werdenfelser Land, wie die Region um Garmisch-Partenkirchen am Fuße des Wettersteins heißt. Wo schon im Mittelalter die Kaufleute aus Venedig ihre Waren in den Norden transportierten, fährt man von Mittenwald über Walchen- und Kochelsee nach Murnau. Über Einsamkeit kann man sich auf dieser Strecke nicht beklagen, denn sie führt zu einigen der meistbesuchten Touristenattraktionen Bayerns. Aber wer hierher kommt, weiß auch, warum.

Denkmal eines Kraxenmanns in Oberammergau

Die Altstadt von Landsberg am Lech

Die sanfte Hügellandschaft des Pfaffenwinkels vor alpiner Kulisse

2

Seite 37

Kloster Wessobrunn

Von ihm hat die Säkularisation im Jahre 1803 nicht mehr viel übrig gelassen. Im 17. und 18. Jh. war die Abtei die Talentschmiede so berühmter Künstler wie Matthäus Günther, Johann Baptist und Dominikus Zimmermann, außerdem der Stuckatoren und Baumeister aus den Familien der Schmuzer und Feichtmayr. Sie alle kamen aus der näheren Umgebung, und ihre Kunst war in ganz Europa gefragt. Vor Wintereinbruch, wenn die Bauarbeiten ruhten, kehrten sie von ihrer Wanderschaft heim auf ihre Dörfer und Hütten und bereiteten in den Klosterwerkstätten die Aufträge des nächsten Jahres vor.

Was heute von der einst riesigen Anlage noch steht, sieht von außen in seiner Schmucklosigkeit eher bescheiden aus. Doch innen birgt der erhaltene **Gäste- und Fürstentrakt** noch einige Kostbarkeiten, die auf einer der Führungen der Nonnen besichtigt werden können. (Mo–Sa 10, 15 und 16; So/Fei 15 und 16 Uhr; ☏ 0 88 09/9 21 10). Wo dichtes Blattwerk den Blick freigibt, jagen sich Tiere in wilder Hatz durch Wald und Rankengeschling – die Wessobrunner beherrschten ihr Handwerk so genial, dass der Gips unter ihren Händen geradezu lebendig wurde. Die Rede ist von den um 1700 entstandenen Deckenstuckaturen des ***Tassilosaales.**

Bayernherzog Tassilo gründete das Kloster 753. Im Traum sollen ihm Engel erschienen sein, die auf einer Leiter auf- und niederstiegen, um Wasser aus einem Quellbrunnen zu schöpfen. Daraufhin beschloss er, an jener Stelle das Kloster bauen zu lassen. Die Legende passt wunderschön zu dem Naturidyll aus Quell und Wiesengrund, das auch heute noch die Anlage umgibt. An die Gründungslegende erinnern das kleine *Brunnenhaus* (ein Stich gibt die einstige Ausdehnung des Klosters wieder) wenige Schritte nördlich der Kirche sowie die uralte *Tassilo-Linde*, unter der Tassilo seinen Traum hatte (Fußweg entlang der Klostermauer, ca. 10 Min.).

Paterzeller Eibenwald

Nirgendwo sonst in Deutschland stehen die Eiben noch so dicht an dicht. Einige der geschützten Bäume sollen über 1000 Jahre alt sein. Wie erkennt man eine Eibe? Laut Bestimmungsbuch wächst der Baum mit den auffallend dunklen Nadeln und dem rotbraunen Stamm gern im Schatten höherer Bäume, wobei die Äste dicht über dem Boden ansetzen. Ein naturbelassener „Lehrpfad" lädt zum informativen Rundgang durch den Wald ein (Ausgangspunkt Landgasthof „Zum Eibenwald" an der Hauptstraße in Paterzell).

Zur Post, gegenüber dem Kloster, ☏ 0 88 09/2 08. Gasthof mit bayerischer Küche und einigen Fremdenzimmern, idealer Ausgangspunkt für Touren in den Pfaffenwinkel. $

Tipp Ein Hinweis für Naturliebhaber: 2,5 km hinter Wessobrunn, in Richtung Weilheim, geht eine Abzweigung rechts nach Paterzell, und nach wiederum ungefähr 2 km führt die schmale Straße durch das Naturschutzgebiet **Paterzeller Eibenwald.**

Vilgertshofen

Ein lohnender Abstecher führt in den Norden des Pfaffenwinkels zu der kleinen **Wallfahrtskirche Vilgertshofen.** Fast kein anderer Bau führt die Wessobrunner Dekorationskunst des späten 17. Jhs. so exemplarisch vor Augen. Noch dazu, wo ein Meister gleich zweier Fächer, Architekt und Stuckator Johann Schmuzer aus Wessobrunn, für das Projekt verantwortlich zeichnete. Üppige weiße Akanthusranken, deren Blattenden sich wie schwellende Knospen einrollen, durchsetzt von Blüten, Muscheln und Engelsköpfen, überziehen den gelb und rosa abgetönten Farbgrund. Der Raum wirkt ausgesprochen heiter. Um den Ansturm der Wallfahrer zu bewältigen, erwiesen sich der Chorumgang im Erdgeschoss und die Empore als nützlich. Als einzige Wallfahrt hat sich bis heute die alljährlich am Sonntag nach dem 15. August stattfindende sogenannte „Stumme Prozession" erhalten, bei der die Mitwirkenden den Kreuzweg Christi darstellen und in historischen Kostümen Bilder und Szenen aus dem Alten und Neuen Testament nachstellen.

Das Brunnenhaus des Klosters Wessobrunn

2

Seite 37

Weilheim und Polling

Zurück auf der Hauptroute geht es nach **Weilheim** (20 500 Einw.), das sich rund um den Marienplatz mit dem Alten Rathaus (heute Stadt- und Pfaffenwinkelmuseum), einigen stattlichen Bürgerhäusern und der frühbarocken Pfarrkirche *Mariä Himmelfahrt* einen historischen Ortskern bewahrt hat.

Oberbräu Weilheim, Obere Stadt 31, ☎ 08 81/ 23 16. Schlichtes Gasthaus mit feiner Gourmet-Küche; ab 16 Uhr, Di geschl. $

Bei der „Stummen Prozession" in Vilgertshofen

In **Polling** (3000 Einw.) gilt die *Kirche* des ehemaligen Augustiner-Chorherrenstiftes als frühes Beispiel der gelungenen Barockisierung eines gotischen Kirchenraums in Bayern. Anfang des 15. Jhs. errichtet, lässt sich die gotische Halle unter dem sensiblen und zartfarbigen Stuck von Georg Schmuzer aus dem 17. Jh. noch klar erkennen, wobei sich Alt und Neu im Gesamteindruck harmonisch zueinander fügen. Höchst qualitätvoll ist auch die Ausstattung, darunter eine Sitzmadonna von Hans Leinweber (um 1510) am Choreingang und das „Tassilo-Kreuz" vom Hochaltar. Hierbei handelt es sich um ein Holzkreuz aus der Gründungszeit des Klosters (11. Jh.) mit einem gemalten Bild des Gekreuzigten. Was die Säkularisation 1803 von den *Klostertrakten* stehen ließ, ist wenig, dafür aber um so

Polling: Kirche des Chorherrenstiftes

kostbarer, wie der klassizistisch angehauchte Bibliothekssaal (1775–78), in dem heute Konzerte stattfinden.

Alte Klosterwirtschaft, Weilheimer Str. 12, ☏ 08 81/48 51. Beliebter Gasthof mitten im Dorf mit Biergarten und Blick auf das Kloster. ($)

2

Seite 37

Hohenpeißenberg und Schongau

Vom **Hohenpeißenberg** (988 m) bietet sich bei gutem Wetter ein grandioser * *Ausblick:* Das Panorama reicht von den Chiemgauer bis zu den Allgäuer Alpen. So dicht am Himmel errichteten die Augustiner Chorherren neben der kleinen *Wallfahrtskirche* auf dem Gipfel im Jahr 1781 eine Bergwetterwarte. Sie gilt weltweit als die erste überhaupt und war mit den meteorologischen Instrumenten vor einem Fenster im zweiten Stock des Klosterhauses untergebracht. Heute arbeiten die Wissenschaftler des benachbarten *Observatoriums* Hohenpeißenberg mit Stratosphärensonden und Laserstrahlen, und auch die Forschungsschwerpunkte haben sich im Zeitalter von saurem Regen und Ozonloch-Gefahr gewandelt.

Bayerischer Rigi, ☏ 0 88 05/3 30, tgl. außer Mo 10–22 Uhr, Anf. Jan. bis Anf. Feb. geschl. Ausflugslokal mit Aussichtsterrasse. ($)

Schongau (10 800 Einw.) besitzt eine vollständig erhaltene Stadtmauer mit Türmen und Toren. Überraschende Ausblicke bieten sich beim Begehen des Wehrgangs; liebevoll restaurierte Fassaden und romantische Innenhöfe machen Lust, auf Entdeckungstour zu gehen. Das historische Zentrum mit dem Marienplatz gehört heute den Fußgängern. Mitten auf dem Platz steht das gotische *Ballenhaus,* sozusagen das erste Kaufhaus Schongaus, wo im Mittelalter Gewürze, Wein und edle Stoffe gelagert und gehandelt wurden. Hier tagte auch der Rat der Stadt.

Für Spätheimkehrer

Mit über 17 Metern ist der *Polizeidienerturm* in Schongau nicht nur der höchste Turm der Stadtmauer, sondern als „Einlass für Spätheimkehrer" hatte er einst als der einzige Torturm der Stadt auch abends seine Pforten noch offen.

Tipp Alljährlich im August wird ein Schauspiel über „Die Hexe von Schongau" aufgeführt, das an die finstere Zeit der Schongauer Hexenprozesse des 16. Jhs. erinnert. Rund um die Freilichtbühne des sommerlichen Spektakels unterhalten Gaukler, Tänzer und Musikanten und ein mittelalterlicher Handwerkermarkt.

Schon einen kleinen Vorgeschmack auf die Wies gibt die barocke *Stadtpfarrkirche Mariä Himmelfahrt,* die 1748 einen der Wies-Künstler, Dominikus Zimmermann, für die Stuckierung des Chores engagieren konnte. Aber auch sonst geizte man nicht mit berühmten Gestalten und ließ sich die Ausstattung etwas kosten: Franz Xaver Schmuzer und Matthäus Günther zeichnen für den Neubau und die Fresken verantwortlich, und der Weilheimer Bildhauer Franz Xaver Schmädl setzte mit seinen Hochaltarfiguren gekonnt die Himmelfahrt Mariens in Szene.

i Tourismusverband Pfaffenwinkel, Bauerngasse 5, 86956 Schongau, ☏ 0 88 61/77 73, FAX 20 06 78.

Hotel Alte Post, Marienplatz 19, ☏ 0 88 61/23 20-0, FAX 23 20-80. Sympathisch-altmodisches Hotel mit traditioneller Küche und eigener Konditorei. ($)

Weinstube, Christophstr. 21–22, ☏ 0 88 61/17 52. Gemütliches Weinlokal im mittelalterlichen Frauentorturm; Mo/Di geschl. ($)

* Altenstadt

Wer die Baukunst des Pfaffenwinkels in ihrer Ursprünglichkeit kennen lernen will, besucht die romanische **Basilika** von Altenstadt (3200 Einw.). Uneinnehmbar wie eine Festung wirkt die dem streitbaren Erzengel Michael geweihte Kirche mit ihren trutzigen Türmen und dem mächtigen Mauerwerk aus Tuffsteinquadern. Wer den Innenraum betritt, wird magisch von dem riesigen Triumphkreuz angezogen, das sich von oben herab vor den Chorraum spannt. Aus der Figur des Gekreuzigten spricht die ganze Kraft der romanischen Formensprache, die ihn, den man respektvoll den „Großen Gott von Altenstadt" nennt, den Tod in aller Würde überwinden lässt. Die Westwand schmückt ein überlebensgroßer gemalter Christophorus. Der heilige Fährmann gilt als der getreue Begleiter der Reisenden. Nahe Altenstadt verlief die Straße von Italien nach Augsburg. Als die Bürger aus der Ebene auf den Berg an den Lech umsiedelten, entstand die „neue Stadt", Schongau war geboren. Altenstadt geriet in Vergessenheit, und die Basilika wurde nicht wie so viele andere romanische Gotteshäuser im Stil des Rokoko „modernisiert".

Detail am Prämonstratenser-kloster, Steingaden

2
Seite 37

Von außen lässt „die Wies" die Pracht ihres Innern nicht erahnen

Steingaden

Damit über seiner Reise ein günstiger Stern stünde, stiftete Herzog Welf VI. 1147, kurz vor seinem Aufbruch zum Kreuzzug in das Heilige Land, das **Prämonstratenserkloster Steingaden,** 51,5 km, und beschenkte es großzügig mit Ländereien. Von außen hat sich die Kirche mit ihren zwei massigen Türmen noch ganz ihr romanisches Aussehen bewahrt. Um so mehr überrascht die üppige Rokokoausstattung mit Stuckaturen von Franz Xaver Schmuzer und den prächtigen Fresken von J. G. Bergmüller im Inneren.

Ein Zeichen der Marienverehrung (Kapelle bei Wessobrunn)

2

Seite 37

Die *****Wies** gilt als Inbegriff des bayerischen Rokoko. Wie so oft bei Wallfahrtskirchen fing alles mit einem Wunder an: Am 14. Juni 1738 sollen aus den Augen des „Gegeißelten Heilands", einer schlichten Holzfigur, plötzlich echte Tränen geflossen sein. Der Ansturm der Wallfahrer ließ nicht lange auf sich warten, und bald schon platzte die kleine Kapelle, in der die Figur aufgestellt war, aus allen Nähten, so dass der zuständige Abt des Klosters Steingaden 1745 grünes Licht für einen Neubau gab: die Wieskirche entstand. Baumeister Dominikus Zimmermann schuf mit seinem Bruder Johann Baptist – dem Maler des großen Himmels an der Decke – einen Kirchenraum, der in seiner beschwingten Eleganz und heiteren Festlichkeit unbestritten zu den Meisterleistungen bayerischer Rokokobaukunst zählt. Ein ausgeklügeltes Bildprogramm nimmt die staunenden Gläubigen an die Hand und führt sie hinauf bis vor die Paradiespforte. Der fast 70-jährige Dominikus Zimmermann ließ sich neben der Kirche ein Haus bauen, in dem er seinen Lebensabend verbrachte.

Landgasthof Lindenhof, 86989 Steingaden, ☎ 0 88 62/60 11. Großer Gasthof mit typisch oberbayerischer Speisenauswahl. ($)

Verjüngungskur

Kaum irgendwo kommt die barocke Lust am Verschönern stärker zum Ausdruck als an der * *Kirche* des ehemaligen Augustinerchorherrenstifts **Rottenbuch.** Die Wessobrunner J. und F. X. Schmuzer (Vater und Sohn) sowie der Maler M. Günther (Fresken) und F. X. Schmädl (Altäre und Kanzel) verpassten der alten romanisch-gotischen Kirche im 18. Jh. geradezu eine Verjüngungskur: übermütig züngelnde Rocailleformen, sprießendes Rankenwerk aus Stuck und farbenfrohe Malereien.

Von Steingaden ist es nicht mehr weit nach Bayerisch-Schwaben und zum *Schloss Neuschwanstein*, einer der berühmtesten Sehenswürdigkeiten im Land: Beschreibung im Polyglott-Reiseführer *Romantische Straße*.

Tipp Unmittelbar vor der **Echelsbacher Brücke,** 73 km, empfiehlt es sich, einen Blick vom Parkplatz hinab in die Tiefe zu riskieren. Unten braust das Wildwasser der Ammer durch die Schlucht, die in kühnem Bogen von einer Eisenbetonbrücke aus den 20er-Jahren überspannt wird.

Oberammergau

Geschnitzte Kruzifixe und Heiligenfiguren in den Schaufensterauslagen gehören ebenso zum Ortsbild von Oberammergau (5300 Einw.) wie Zwiebelturm, Geranienbuschen und Lüftlmalereien. Weltweit berühmt, besonders bei den amerikanischen Touristen, wurde das „oberbayerische Bilderbuchdorf" durch seine Passionsspiele, die seit 1634 alle zehn Jahre – das nächste Mal im Jahr 2000 – stattfinden.

1930 entstand das riesige **Festspielhaus,** das an die 4700 Zuschauer fasst. Die Spiele gehen auf ein Gelübde von 1633 zurück, in dem eine verheerende Pest unter den Einwohnern wütete. Die mit dem Leben davonkamen, lösten ihr Versprechen ein, die Leidensgeschichte Christi aufzuführen.

Tipp Mit dem prächtig bemalten **Pilatus-Haus** (Ludwig-Thoma-Straße) hat Lüftlmaler Franz Seraph Zwinck sein wohl bekanntestes Werk hinterlassen (s. S. 52). Das Haus beherbergt heute eine „lebende Werkstatt", in der man den Schnitzern bei der Arbeit zusehen kann.

Seit dem Mittelalter hat das Schnitzhandwerk in Oberammergau Tradition. Wer heute davon leben will, arbeitet meist für den Tourismus und muss sich gegen verkitschte Massenware, die industriell hergestellt wird, durchsetzen.

Verkehrsamt, Eug.-Papst-Str. 9 a, 82487 Oberammergau, ☏ 0 88 22/9 23 10, Fax 92 31 90.

Gästehaus Killer, Warbergstr. 33, ☏ 0 88 22/66 71. Gepflegt, ruhig gelegen. $–$$

Rose, Dedlerstr. 9, ☏ 0 88 22/47 06. Angenehmer Hotel-Gasthof mit bayerisch-bürgerlicher Küche. $–$$

Ein Vertreter der alten Holzbildhauerkunst in Oberammergau

2

Seite 37

** Schloss Linderhof

Ein kleiner Abstecher (ca. 10 km) führt durch das Graswangtal nach Schloss Linderhof. Es ist das kleinste, aber vielleicht prunkvollste unter den Schlössern Ludwigs II. und das einzige, das er nach der Fertigstellung im Jahre 1878 noch länger bewohnen konnte. Schloss und Park verkörpern eine einzigartige Mischung aus italienischem Barock, Pariser Rokoko und Exotischem. (🕓 Führungen im Sommer 9–17.30, im Winter 9.30–12, 13–16 Uhr.)

Anekdoten u. a. um Schloss Linderhof, die man garantiert auf keiner der Führungen erfährt, findet man bei Luise v. Kobell, in: Hans F. Nöhbauer, *Auf den Spuren König Ludwigs II.*, Prestel-Verlag München.

Das Pilatus-Haus in Oberammergau

Hauptattraktionen des Parks von Linderhof sind der *Maurische Kiosk*, das *Marokkanische Haus*, die *„Gurnemanzklause"*, die *Hundinghütte*, in der der König Metgelage zu Wagnerklängen feierte, sowie die berühmte künstliche *Grotte*, auf deren unterirdisch illuminiertem See er sich im Muschelboot umherrudern ließ.

Ettaler Mühle-Brotzeitstüberl, ☏ 0 88 22/64 22. Gemütliche Einkehr. $

Das prächtige „Ludwigsschloss" Linderhof

* Kloster Ettal

Mit der markanten Felsspitze des *Ettaler Manndl* (1633 m) im Visier gelangt man zum unterhalb davon gelegenen Kloster. Seit dem Mittelalter verlief hier eine wichtige Handelsstraße von Nord-

2
Seite 37

italien nach Schwaben, von der die Abtei wirtschaftlich profitierte. Wenig erinnert noch an den Gründungsbau der zwölfeckigen gotischen Kapelle aus dem 14. Jh. So stolz und beherrschend, wie sich das Kloster mit seiner Kirche heute präsentiert, geht es auf den Münchner Hofarchitekten Enrico Zuccalli zurück, der 1720–26 dem gotischen Zentralbau eine mächtige Kuppel überstülpte, eine barocke Fassade vorblendete und die seitlich ausschwingenden Flügelbauten mit ihren Türmen anfügte. Für die Innenausstattung zeichneten so hervorragende Rokokokünstler wie der Stuckateur Johann Baptist Zimmermann, der Bildhauer Johann Baptist Straub oder der Maler Johann Jakob Zeiller verantwortlich, der das riesige Kuppelfresko schuf.

Kaiser Ludwig der Bayer gründete die Abtei aus Dank für seine glückliche Heimkehr aus Italien anno 1330 und seine Rettung aus politisch bedrängter Lage – u. a. hatte er sich gegen die oberitalienischen Städte zur Wehr setzen müssen. Die Legende erzählt, dass das Kloster genau an der Stelle steht, wo das Pferd Ludwigs des Bayern dreimal in die Knie gegangen sein soll. Der Hauptaltar birgt die von ihm gestiftete Gnadenmadonna (1329) aus weißem Carrara-Marmor, die auch heute noch viele Wallfahrer anzieht.

Tipp Das schmackhafte Bier oder den köstlichen Likör aus der klostereigenen Produktion sollte man sich auf keinen Fall entgehen lassen.

Ludwig der Bayer, ☎ 0 88 22/66 01. Großes Hotel mit Caféterrasse und Restaurant, direkt gegenüber dem Kloster gelegen. ($)

Garmisch-Partenkirchen

Wer den weltweit bekannten Wintersportort (28 000 Einw.) besucht, kann einen dicken Geldbeutel gut brauchen, denn die Preise können gelegentlich zugspitzhoch sein. Dass man etwas für Sport übrig haben sollte, versteht sich von selbst, denn die Stadt war schon Austragungsort für nationale und internationale Meisterschaften in allen möglichen Wintersportdisziplinen. Die beiden ehedem selbständigen Gemeinden Garmisch und Partenkirchen, die 1935 wegen der bevorstehenden Olympischen Winterspiele zusammengeschlossen wurden, sind inzwischen zu Stadtteilen von ansehnlicher Größe herangewachsen. Wer die Stadt zu Fuß erkunden will, muss allerdings gute Nerven haben, denn die Sehenswürdigkeiten liegen weit auseinander, und es gibt kaum Möglichkeiten, den stark befahrenen Straßen auszuweichen.

Lüftlmalerei

Die farbenfrohen frommen Malereien, die so viele oberbayerische Hausfassaden schmücken, entstanden bereits im 18. Jh. Nicht selten malten die Künstler täuschend echt Dinge auf die Wand, die eigentlich gar nicht da waren, sich aber gut machten: Schnörkel und Zierrahmen, herrschaftliche Portal- und Treppenarchitekturen. Die Farben wurden direkt auf den noch nassen Kalkputz aufgetragen, und erst beim Trocknen verbanden sie sich fest mit dem Untergrund. Warum die Lüftlmalerei so heißt, darüber gehen die Meinungen auseinander. Die einen wollen den Namen auf das Ausüben der Tätigkeit in luftiger Höhe zurückführen, die anderen verweisen auf das Anwesen „Zum Lüftl". Von dort stammte nämlich einer der Berühmtesten seines Faches, der Oberammergauer Franz Seraph Zwinck. Er war vor allem in Oberammergau, aber auch in Mittenwald und Garmisch tätig. Sein Mittenwalder Kollege Franz Karner war hier einer der besten Lüftlmaler.

2

Seite 37

Die **Neue Pfarrkirche St. Martin** im Ortsteil Garmisch wurde 1730–34 von dem Wessobrunner Joseph Schmuzer errichtet. Für die schöne Ausstattung der Kirche zeichneten derselbe Künstler – diesmal als Stuckateur – sowie der junge Freskant Matthäus Günther und Lüftlmaler Franz Zwinck verantwortlich. Die gotische **Alte Pfarrkirche** auf der anderen Seite der Loisach birgt sehenswerte Fresken aus dem 15. Jh.; sie wurde teilweise aus den Steinen der verfallenen *Burg Werdenfels* errichtet. Einst soll die Burg dem blühenden Land seinen Namen gegeben haben – „Wehr den Fels“ – heute sieht man von ihr nur noch die Ruine am nördlichen Rand von Garmisch. Die nahe **Frühlingsstraße** vermag fast noch eine bilderbuchhafte Vorstellung von der dörflichen Vergangenheit Garmischs zu geben: dazu gehören die schindelgedeckten Häuser beiderseits der Straße mit weit vorspringenden alpenländischen Flachgiebeln, die holzgeschnitzten Balkone mit überquellenden Geranien und die Hausbank mit Blick auf die imposante Bergkulisse von Waxenstein und Zugspitze.

Die **Ludwigstraße** im Ortsteil Partenkirchen ist die alte Durchgangsstraße, die von München über Mittenwald nach Tirol und weiter nach Italien führte. Die stattlichen Bürgerhäuser zeugen vom Wohlstand der Händler und Kaufleute, die sich hier in günstiger Nähe beiderseits der Straße niederließen. Ein gut erhaltenes Handelshaus aus dem 17. Jh. beherbergt das **Werdenfelser Heimatmuseum** (Ludwigstr. 47, 🕓 Di–Fr 10 bis 13, 15–18, Sa, So u. Fei 10–13 Uhr). Vom Keller bis unter das Dach zeigt die Ausstellung Kunst und Kunsthandwerk aus der Region, ganze Stubeneinrichtungen, bodenständige Trachten und eine große Sammlung von Geräten aus dem landwirtschaftlichen Bereich.

Ein Abstecher führt zu der kleinen, am Westhang des Wank gelegenen **Wallfahrtskirche St. Anton.** Aus Dankbarkeit, weil Partenkirchen von den Schrecken des Spanischen Erbfolgekrieges

Kloster Ettal

Der Gasthof zum Husaren und die alte Pfarrkirche in Garmisch-Partenkirchen

Wirtshausschild des Posthotels

2
Seite 37

verschont geblieben war, stifteten vier Bürger Anfang des 18. Jhs. eine Kapelle zu Ehren des hl. Antonius. Bald wurde ein Erweiterungsbau fällig, so dass sich an das spätbarocke vordere Rondell der heutigen Kirche nach Süden zu der größere ovale Teil anschloss. Baumeister Joseph Schmuzer gelang es, beide Teile – Oktogon und Oval im Grundriss – elegant unter einem Dach zu verbinden. In packenden Bildern und raffinierten Perspektiven schildert der geniale junge Rokokomaler Johann Evangelist Holzer im Kuppelfresko des Langhauses das Leben des Heiligen. Zur Wallfahrtskirche führt ein Treppe mit kleinen Kapellen und gemalten Kreuzwegstationen hinauf.

i Verkehrsamt, Richard-Strauss-Platz, 82467 Garmisch-Partenkirchen, ☏ 0 88 21/1 80-6, FAX 1 80-7 55.

Posthotel Partenkirchen, Ludwigstraße 49, ☏ 0 88 21/9 36 30, FAX 93 63 22 22. Elegantes Hotel im schönen Haus der ehemaligen „königlich-bayerischen Posthalterei“, hervorragende bayerische Küche. $$

Werdenfelser Hof, Ludwigstr. 58, ☏ 0 88 21/36 21. Einfacher Gasthof mit Fremdenzimmern und traditioneller Küche. $

Zugspitze

Seitdem Deutschlands höchster Berg (2966 m) für den Tourismus erschlossen wurde – von Garmisch aus fuhren 1930 die ersten Gäste mit der Zahnradbahn auf den Berg – tummeln sich zu allen Jahreszeiten Tausende von Tagesbesuchern auf dem Gipfel und bevölkern Skipisten, Aussichtsterrassen und Gipfellokale.

Tipp Eine besondere Attraktion ist die „Rundreise“: mit der Zahnradbahn geht es von Garmisch hinauf zum Gletscher Zugspitzplatt, von dort weiter mit der Gondel zum Gipfel und mit der Eibsee-Seilbahn wieder hinunter – oder umgekehrt (Auskunft Bayerische Zugspitzbahn AG, ☏ 0 88 21/ 79 70, FAX 79 79 01).

Eigentlich verdient es dieser imposante Berg mit der unvergleichlichen Aussicht, zu Fuß erklommen zu werden, doch empfiehlt sich die anspruchsvolle Tagestour nur für geübte Tourengeher mit entsprechender Ausrüstung.

* Mittenwald

Sein sehenswertes historisches Ortsbild konnte sich Mittenwald (8200 Einw.) bis in die Gegenwart erhalten. Umgeben von Wetterstein und Karwendelgebirge, dessen imposante Gipfel bis über 2000 Meter hoch steil emporsteigen, liegt die Marktgemeinde einzigartig. Im Mittelalter verlief hier die viel befahrene Handelsroute von Venedig über die Alpen nach Augsburg. Als die Venezianer im 15. Jh. ihren „Bozener Markt“ von Bozen hierher verlegten, wurde Mittenwald für knapp zwei Jahrhunderte wichtiger Warenumschlagsplatz und Brückenkopf zwischen Italien und Deutschland. Was Goethe 1786 auf seiner Reise in den Süden veranlasste, zu sagen, dass der Ort ein „lebendiges Bilderbuch“ sei, trifft auch heute noch zu: Gemeint sind damit die prächtigen erhaltenen Fassadenmalereien an den Bürger- und Bauernhäusern, wie man sie vor allem in den Straßenzügen *Obermarkt* (Fußgängerzone) und *Untermarkt* oder im Ortsteil Gries findet.

Mittenwalds Wahrzeichen ist der barocke Kirchturm der Pfarrkirche **St. Peter und Paul.** Für die gelungene Rokokoausstattung der Kirche zeichnen der Wessobrunner Joseph Schmuzer (Stuck) sowie Matthäus Günther (Fresken) verantwortlich. Den meisten Besuchern dürfte Mittenwald als Geigenbauzentrum bekannt sein. Die erste Geigenbauwerkstatt gründete 1683 Matthias Klotz, der nach seinen Lehrjahren in Italien nach Mittenwald zurückkehrte und die Kunst nicht nur mitbrachte, sondern sie auch an Lehrlinge weitergab. Heute wird der Nachwuchs an der örtlichen staatlichen Fachschule ausgebildet. Die Instrumente einheimischer Künstler lassen sich im **Geigenbaumuseum** (Ballenhausgasse 3, Mo–Fr 10–11.45, 14 bis 16.15, Sa/So 10–11.45 Uhr) bewundern. Nebenbei erfährt man in einer „lebenden Werkstatt", wie ein Instrument entsteht.

Gipfelkreuz der Zugspitze mit Alpenpanorama

2
Seite 37

Kurverwaltung, Dammkarstr. 3, 82481 Mittenwald, 0 88 23/3 39 81, FAX 27 01.

Hotel Alpenrose, Obermarkt 1, 0 88 23/9 27 00, FAX 37 20. Angenehmes Haus mit freundlichem Service, mit Gastwirtschaft. $

Alpengasthof Gröblalm, Gröblalm 1–2, 0 88 23/91 10, FAX 29 21. Oberhalb des Ortes inmitten von Wiesen gelegen, mit Café- und Aussichtsterrasse, Mo Ruhetag. $

Die Eibsee-Seilbahn führt zur Zugspitze

Jagdschloss Schachen

In die exotische Märchenwelt von 1001 Nacht führt die Besucher das Jagdschloss Schachen, das sich Ludwig II. in luftiger Höhe unterhalb der Dreitorspitze errichten ließ (Innenbesichtigung mit Führung im Sommer tgl. 11 und 14 Uhr). Von außen sieht das Holzhaus wie ein Schweizer Chalet aus. Innen jedoch überraschen die bunte Pracht der Glasfenster und der maurische Saal, in dem der König auf seidenen Kissen sitzend sich seinen Mokka servieren ließ. Nicht weit von dem Jagdschloss lädt ein *Alpengarten* mit ca. 1500 verschiedenen Pflanzen zum Besuch ein. Der Schachen ist zu Fuß vom Hotel Schloss Elmau (Parkmöglichkeit) über den „Königsweg" in ca. 3 Stunden zu erreichen.

Im *Berggasthof Schachenhaus* kann man auch übernachten (0 88 21/29 96). $

Die St.-Peter-und-Paul-Kirche in Mittenwald

2

Seite 37

Walchensee

Der Walchensee, 154 km, ist mit seinem smaragdgrünen Wasser eigentlich der Edelstein unter den oberbayerischen Seen, wenn hier auch alles andere als paradiesische Zustände herrschen. An schönen Sommerwochenenden suchen Massen von Windsurfern, Wohnmobilisten und Badegästen den Hochgebirgssee und seinen schmalen Uferstreifen heim.

Verkehrsamt für das Walchenseegebiet, 82432 Walchensee, ☏ 0 88 58/4 11, Fax 2 75.

Kesselbergstraße

Die *Kesselbergstraße* führt in 36 Kehren hinunter zum Kochelsee. Die alte Kesselbergstraße war eine viel befahrene Passstraße aus dem und in den Süden, die schon Goethe auf seiner Reise nach Italien benutzte.

Die Idee für das **Walchensee-Kraftwerk** (Info-Zentrum, ⌚ 9–17 Uhr) geht auf Oskar von Miller, den Gründer des Deutschen Museums, zurück: Man nutzt die 200 m Höhenunterschied zwischen Walchen- und Kochelsee, um elektrische Energie zu gewinnen. Seit 1924, als das Kraftwerk in Betrieb ging, jagt das Walchenseewasser durch sechs Druckrohre hinunter ins Tal und treibt am Ufer des Kochelsees die Turbinen an. Seinerzeit war das Projekt höchst umstritten: Davon abgesehen, dass keiner wusste, wohin mit dem ganzen Strom, stimmten die einen zwar spontan und begeistert zu, nach Meinung der anderen jedoch verschandelte das Kraftwerk die Landschaft. Einige hoben gar warnend den Zeigefinger und erinnerten an die alte Sage von einem riesigen Waller, der auf dem tiefen Grund des Walchensees haust und, wenn er aufgescheucht wird, den See zum Überlaufen bringt. Heute gilt das Kraftwerk als technische Pionierleistung seiner Zeit und deckt den Spitzenstrombedarf.

Kochel am See

Kochel am See (4200 Einw.) stellte seinem legendären Schmied nicht nur ein Denkmal auf, sondern räumt ihm auch einen Platz in der Fremdenverkehrswerbung ein, gilt er doch als bayerische Symbolfigur für Freiheitsliebe und Vaterlandstreue. Dies hängt weniger mit seiner Tracht – Lederhose und Haferlschuhe – zusammen als vielmehr mit der bayerischen Geschichte. 1705, im Spanischen Erbfolgekrieg, erhoben sich die Bauern aus dem Oberland gegen die kaiserlich-österreichischen Truppen, die München besetzt hielten. Gegen die feindliche Übermacht hatten sie jedoch keine Chance, selbst wenn der Schmied von Kochel bis zuletzt tapfer die Fahne hoch gehalten und gesagt haben soll „Lieber bayerisch sterben als kaiserlich verderben".

Natürlich hat der Ort noch anderes zu bieten: Das Bade- und Fitnesszentrum „trimini" am Seeufer garantiert bei jedem Wetter Freizeitvergnügen. Das **Franz-Marc-Museum** (Herzogstandweg 43, ⌚ April–Okt. und 25. Dez. bis 15. Jan. tgl. außer Mo 14–18 Uhr) dokumentiert den spannenden Weg des Künstlers von der exakten Naturstudie zur abstrakten Malerei. Dabei waren es immer wieder die Tierdarstellungen, die Franz Marc am meisten beschäftigten.

Tourist-Info, Kalmbachstr. 11, 82431 Kochel am See, ☏ 0 88 51/3 38, Fax 55 88.

Gasthof Klosterbräu, 82444 Schlehdorf am Kochelsee, ☏ 0 88 51/2 86. Schönes altes Dorfgasthaus mit deftiger Küche und Fremdenzimmern, wo schon König Ludwig II. einst abstieg. $

Kaffee und Kuchen, Wild- und Fischspezialitäten sowie einen schönen Blick über den See bietet das Restaurant im Seehotel **„Grauer Bär",** Mittenwalder Straße 84, ☏ 0 88 51/8 61; Anf. März–Anf. Jan., warme Küche 11.30–14, 17.30 bis 20.30 Uhr, Mi Ruhetag.

* Kloster Benediktbeuern

Unbedingt zu empfehlen ist ein Abstecher (8 km) zum Kloster Benediktbeuern, einem der ältesten Klöster in Bayern, in landschaftlich herrlicher Umgebung am Fuß der Benediktenwand gelegen. 739 gegründet, sah es in seinen Mauern schon Karl den Großen zu Gast. Zweifellos war Benediktbeuern auch eines der politisch und wirtschaftlich bedeutendsten Klöster im Lande. Der ganze Gebäudekomplex geriet denn auch stattlich wie ein Schloss; er wurde in den Jahren 1669–1732 auf den Grundmauern der romanischen Vorgängerbauten errichtet. Seit 1930 gehört das Kloster bis auf die Kirche den Salesianern des Jugendmissionars Don Bosco (1815–88), die hier ein Hochschulzentrum für Philosophie, Theologie und Sozialpädagogik eingerichtet haben.

Tipp Konzertaufführungen haben hier Tradition. So finden jedes Jahr von Mai bis September im barocken Festsaal des Klosters und in der Kirche die *Benediktbeurer Konzerte* statt (Auskunft unter ☏ 0 88 57/2 48).

Das festliche Ambiente schaffen der üppige Wessobrunner Stuck, die Fresken von H. G. Asam, dem Vater der berühmten Asambrüder, sowie der

2

Seite 37

Kochel: Denkmal des sagenhaften Schmieds vor dem Gasthof zur Post

Die Turbinen des Walchensee-Kraftwerks

Die Carmina Burana

Das Kloster Benediktbeuern war über Jahrhunderte hinweg geistige und kulturelle Hochburg des Landes – es ist daher eine Ironie des Schicksals, dass sich der Name der Abtei ausgerechnet mit derben Sauf- und Spielliedern, den Carmina Burana, verbindet. Diese Sammlung enthält Verse und Gesänge, die im 13. Jh. von umherziehenden Studenten und stellenlosen Geistlichen abgefasst wurden. Im Jahr 1803 entdeckte man die Handschriften durch Zufall in der Bibliothek des Klosters und benannte sie nach ihrem Fundort Benediktbeuern. 1936 erweckte Carl Orff ausgewählte Passagen der Handschrift durch packende Vertonung zu neuem Leben.

prächtige Arkadenhof mit Gartenanlage und Springbrunnen. Ein architektonisches Kleinod ist die *Anastasiakapelle* (1751–58) des Rokoko-Architekten J. M. Fischer.

2

Seite 37

Klosterbräustüberl, ☏ 0 88 57/94 07. Schöne bayerische Gaststätte in den historischen Gewölben der Klostermeierei; vom Biergarten schöner Blick auf die Benediktenwand. $

Im ehemaligen Waschhaus des Klosters richtete sich der Physiker Joseph von Fraunhofer zu Beginn des 19. Jhs. eine *Glashütte* mit zwei Schmelzöfen ein. Hier machte er einige seiner bahnbrechenden Erfindungen, mit deren Hilfe es ihm gelang, hochwertiges Spezialglas von bisher unerreichter Qualität herzustellen. Der Erfolg hatte freilich seinen Preis: Die harte Arbeit an den Glasöfen und das Hantieren mit Bleioxid werden wohl mit dazu beigetragen haben, dass Fraunhofer bereits 1826, im Alter von nur 39 Jahren, an Lungen- und Nervenschwindsucht starb.

Das über 500 Jahre alte Gasthaus **Schönmühl,** ☏ 0 88 56/24 98, in Penzberg-Schönmühl zwischen Benediktbeuren und Penzberg liegt versteckt an der Loisach. Bayerische Küche und Biergarten; Di geschl., im Winter auch Mo Ruhetag. $

Freilichtmuseum

Alte Bauernhöfe, Werkstätten, Mühlen und Almgebäude haben im **Freilichtmuseum Glentleiten** bei Großweil eine neue Heimat gefunden – in wunderschöner Lage oberhalb des Kochelsees. Handwerksvorführungen und Ausstellungen, eine Tonbildschau, Hafnerei, Kramerladen und Gaststätte machen den Museumsbesuch zu einem Erlebnis. (April–Okt. Di–So 9–18 Uhr; Juli/Aug. und an Feiertagen auch Mo.)

Tipp Eine Attraktion für Pferdefreunde ist das bei Murnau gelegene *Gestüt Schwaiganger,* das Zentrum der bayerischen Pferdezucht für Haflinger, Warm- und Kaltblutpferde (Führungen Di und Do um 13.30 Uhr, ☏ 0 88 41/4 00 18).

Murnau

Murnau (11 800 Einw.) am südöstlichen Ufer des Staffelsees hat sich noch einige hübsche Winkel bewahrt. Fast südländisch muten *Ober- und Untermarkt* mit ihren pastellfarbenen Fassaden an, die um die Jahrhundertwende im Zuge der Ortsverschönerung entstanden. Im Murnauer Schloss, einer stattlichen Burg, die im Mittelalter die Handelsstraße von und nach Italien bewachte, ist heute das **Schlossmuseum** (Schlosshof 4–5, ☏ 0 88 41/47 62 07, 🕓 Di–So 10–17 Uhr) untergebracht. Dokumente, Bilder und Gemälde lassen die Zeit lebendig werden, als um die Jahrhundertwende Künstler wie Emanuel von Seidl, Ödön von Horváth, Gabriele Münter oder Wassily Kandinsky in Murnau lebten und arbeiteten.

Karg's Bräustüberl, 82418 Murnau, Untermarkt 27, ☏ 0 88 41/82 72. Das wohlschmeckende Weißbier stammt aus eigener Brauerei, bayerisch-deftige Küche. Brauereiführung nach Voranmeldung. Warme Küche 11–14, 17 bis 21 Uhr, Sa/So durchgehend geöffnet. $

Einst sprachen die Dörfler nur vom „Russenhaus". Heute ist die gelb getünchte Villa, das **Münter-Haus** (Kottmüllerallee 6, Wiedereröffnung im Sommer 1999), in der das Malerpaar Kandinsky und Münter bis zum Ausbruch des Ersten Weltkrieges wohnte, Pilgerstätte für Kunstinteressierte. Auf zahlreichen Bildern haben die beiden Künstler die Ausblicke aus den Atelierfenstern festgehalten: nach Süden auf Murnauer Moos und Alpenkette; in östlicher Richtung auf den Ort hinauf zum Schloss und auf den Zwiebelturm von *St. Nikolaus,* auf dessen Friedhof Gabriele Münter begraben liegt.

Verkehrsamt, Kohlgruber Straße 1, 82418 Murnau, ☎ 0 88 41/6 14 10, ℻ 34 91.

Alpenhof Murnau, Ramsachstr. 8, ☎ 0 88 41/49 10, ℻ 54 38, Relais & Chateaux-Hotel mit herrlichem Blick und Gourmetrestaurant. $$
Hotel Post, Overmarkt 1, ☎ 0 88 41/18 61, ℻ 9 94 11. Historisches Haus, ehemalige Posthalterei. $
St. Leonhard, Leonhardistr. 2, 82418 Murnau-Froschhausen, ☎ 0 88 41/12 53. Einfache, aber gepflegte Unterkunft mit Frühstück. $

Hinter der Friedhofsmauer lädt der winzige idyllische Biergarten der Gastwirtschaft **Am Ähndl** (Do Ruhetag) zur Stärkung ein. $

Tipp Wer die *Kottmüller-Allee* durchwandert, eine über 100 Jahre alte Eichenallee für Fußgänger, sieht an ihrem Ende plötzlich die atemberaubende Weite des Murnauer Mooses vor sich. Über die Hangkante geht es weiter hinunter zum *Ramsachkircherl* (ca.15 Min.), einem uralten Georgsheiligtum.

Im Murnauer Münter-Haus wird auch an Kandinsky erinnert

2

Seite 37

Das Kloster Benediktbeuern

Der Blaue Reiter

Dunkelviolette Torfhütten, gelbe Kühe, blaue Pferde – das sind Motive aus den Bildern, die unseren Blick verändern sollten. Die malende Avantgarde – Kandinsky, Münter, Marc, Macke, Jawlensky – schloss sich 1911 zur Gruppe „Der Blaue Reiter" zusammen.

Wie kam es zu diesem Namen? Kandinsky schrieb 1911 in sein Tagebuch: „Wir fanden ihn am Kaffeetisch in der Gartenlaube in Sindelsdorf. Beide liebten wir Blau, Marc liebte Pferde, ich Reiter. So kam der Name von selbst." Die Föhnberge und die weite Moorlandschaft um Murnau und Kochel faszinierten die Künstler dermaßen, dass sie für einige Jahre dem Großstadtmief den Rücken kehrten und sich hier in den Dörfern niederließen, um in freier Natur zu malen. Licht und Luft befreiten den Pinselstrich und öffneten die Augen für neue Farbwelten und Ausdrucksmöglichkeiten. Das Abenteuer Abstraktion konnte beginnen.

Das Verkehrsamt Murnau bietet eine Wanderkarte und eine Führung „Wandern auf den Spuren des Blauen Reiters" an.

Route 3

3

Seite 61

Zwischen Isar und Inn – Prominenz und Lokalkolorit

Kloster Schäftlarn – Beuerberg – Bad Tölz – Kloster Reutberg – Gmund – Tegernsee – Rottach-Egern – Bad Wiessee – Schliersee – Bayrischzell – Wendelstein – Sudelfeld (110 km)

Lebendigem Brauchtum, prächtigen Trachtlern und schaurigen Wilderergeschichten begegnet man auf dieser Tour durch das bayerische Oberland, das alljährlich Millionen von Touristen besuchen. Eine der „ersten Adressen Bayerns" ist seit jeher der Tegernsee, der Prominente aus aller Welt anzieht. Was seine landschaftlichen Vorzüge angeht, so gilt er derzeit mit Recht als der zweitschönste See nach dem Königssee – vorausgesetzt, dass er nicht noch weiter mit Zweitwohnungen zugebaut wird.

Die Tour führt rund um den See zu einem König und zu Künstlern, holländischen Ölbaronen sowie Mönchen. Letztere gründeten vor über 1000 Jahren ein Kloster in bester Lage am See, das früher so berühmt war, wie heute das Herzogliche Bräustüberl beliebt ist. Bad Wiessee am Tegernsee und Bad Tölz an der Isar erlebten durch die Entdeckung von gesundheitsförderndem Quellwasser ihr kleines Wirtschaftswunder. Mit Panoramablick in die erdgeschichtliche Urzeit geht es zum Abschluss auf den Wendelstein.

* Kloster Schäftlarn

Den schönsten Blick auf das Isartal und die bewaldeten Hochufer hat, wer sich dem Kloster flussaufwärts gesehen über die linke Isarseite nähert. Sobald sich die Straße zum Kiesbett des Flusses hinuntergeschlängelt hat, überquert man die Niederung mit den Feldern und sieht vor dem gegenüberliegenden Steilufer das Kloster liegen. Die Schauseite des strahlend weißen Baukomplexes präsentiert sich mit der herrschaftlichen Freitreppe, auch die Kirche mit ihrer eleganten Fassade strahlt große Vornehmheit aus. Tatsächlich waren nur Münchner Hofkünstler am Werk. Zum einen die berühmten Architekten François de Cuvilliés und Johann Baptist Gunetsrhainer, die die Klosterkirche in zwei Etappen hochzogen, zum anderen der Maler und Stuckator Johann Baptist Zimmermann und der Bildhauer Johann Baptist Straub, die der Kirche ihre edle Ausstattung gaben. Besonders die Fresken sind von einer nonchalanten Beschwingtheit und Frische, dass man ihnen nicht ansieht, dass der Maler schon über siebzig war, als er auf das Gerüst stieg.

Gegenüber dem Kloster sorgen die Klosterbrauerei mit Bräustüberl und Biergarten für das leibliche Wohl der Besucher: **Hotel-Landgasthof Klosterbräu-Stüberl,** 82067 Kloster Schäftlarn, ☎ 0 81 78/36 94, 📠 62 31. Unterkunft in ruhiger Lage; sehr gute Küche (allerdings wenig Vegetarisches). (S)

Beuerberg

Über die einstige Kreisstadt *Wolfratshausen,* am Zusammenfluss von Isar und Loisach gelegen, und Eurasburg geht es durch die bäuerlich geprägte Landschaft des Isarwinkels nach **Beuerberg.** Die größere der beiden Zwiebeln, die über den Dächern des hübschen Dorfes herausragen, weist den Weg zum *Kloster* und seiner *Kirche.* Eine gemalte Scheinarchitektur mit Säulen und Statuen führt durch das Portal in die Kirche. Als draußen der Dreißigjährige Krieg tobte, entstand 1630–35 einer der ersten frühbarocken Bauten, die sich architektonisch an der Münchner Kirche St. Michael orientierten. Charakteristisch für diese frühe Zeit sind die flachen hintereinander gestaffelten Altäre und die geometrischen Stuckaturen. An der Abbruchkante des Loisachtals führt ein Fußweg die Klostermauer entlang, mit Blick auf den Fluss und Abstiegsmöglichkeit ins Tal.

Idyllisch liegt Wolfratshausen an Isar und Loisach

Bad Tölz

An einem Isarübergang liegt die Kurstadt (17 000 Einw.), die ihr Heilbad seit dem Ende des 19. Jhs. den Jodquellen verdankt. Aber auch ohne Bad lebte der Ort in den vergangenen 700 Jahren nicht schlecht: Als Handelsstadt profitierte das alte Tölz von seiner günstigen Lage an der Salzstraße und der Isar mit ihrer Flößerei. Seit dem Bau der Umgehungsstraße lässt sich die Stadt schön zu Fuß erkunden: auf der Promenade im Kur- und Badeteil und in der historischen Marktstraße der Altstadt auf der anderen Seite des Flusses. Von der Brücke bis zum Alten Rathaus hinauf begleiten einen die bemalten Fassaden der schmucken Bürgerhäuser

Die hübsche Marktstraße in Bad Tölz

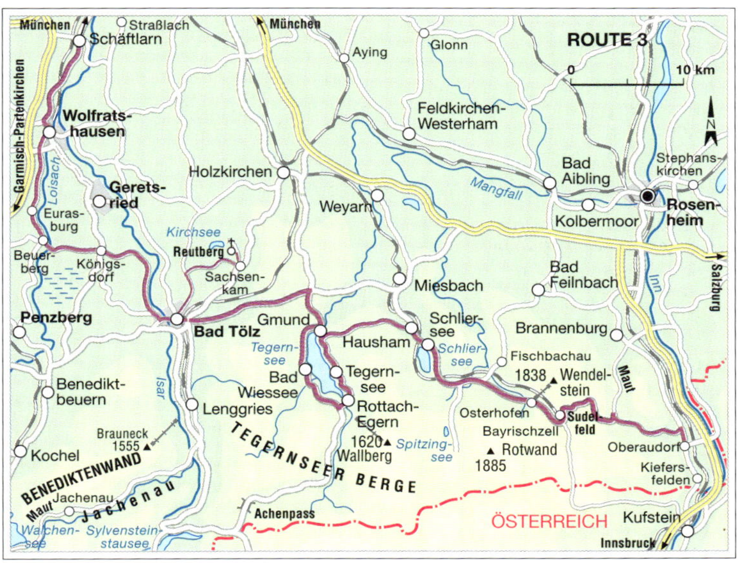

mit ihren weit vorgezogenen alpenländischen Giebeln; Cafés und Geschäfte laden zum Einkaufsbummel.

Kaffee und Kuchen mit Blick auf Altstadt und Benediktenwand kann man auf der Terrasse des nostalgischen **Café Kogel** genießen (Kogelweg 16, ☎ 48 02; 9–11.30, 13.30–18 Uhr, Di/Mi geschl.).

Das von Architekt Gabriel von Seidl 1903 gestaltete Alte Rathaus beherbergt das **Heimatmuseum.** Der Rundgang beginnt mit dem noch lebendigen Wallfahrtsbrauch der Leonhardifahrt. Auf fünf Etagen lässt sich die Entwicklung der Flößerstadt zum Heilbad verfolgen. Einen Schwerpunkt bilden die bunt bemalten Truhen, Betten, Kästen (Schränke) und Wiegen der einst berühmten Tölzer Kistler (Schreiner). (Marktstr. 48, ☎ 0 80 41/50 46 88, Di–Sa 10–12, 14–18 Uhr.)

3

Seite 61

Tourist-Information und Kurverwaltung, Ludwigstr. 11, 83646 Bad Tölz, ☎ 0 80 41/78 67-0, Fax 78 67-56.

Alpenhof, Buchener Str. 14, ☎ 0 80 41/40 31. Kur- und Ferienhotel garni, ruhig im Kurzentrum gelegen. $$
Rosl, Ludwigstr. 21, ☎ 0 80 41/36 26. Gästehaus mit Frühstück, ruhig. $

Altes Fährhaus, An der Isarlust 1, ☎ 60 30. Nouvelle Cuisine, die Spezialität sind Fischgerichte; einige Fremdenzimmer. $$$

Kalvarienberg

Der *Kalvarienberg* hoch über der Bad Tölzer Altstadt ist nicht nur am 6. November, dem Leonharditag, alljährliches Ziel der weithin bekannten Tölzer Leonhardifahrer, sondern auch ein herrlicher Aussichtspunkt mit Blick auf die Berge von Isarwinkel und Karwendelgebirge.

Reutberg

Ein Abstecher (7 km) führt zum Franziskanerinnenkloster Reutberg. Es liegt von Wiesen umgeben auf einem Berg. Außer zum Baden im nahen Moorsee oder zum Spazierengehen kann man sich vom Biergarten der Klosterbrauerei anlocken lassen. Zur Weihnachtszeit kann man in der Kirche die alte barocke Krippe und das berühmte „Reutberger Jesuskind“ bewundern. Auf Anfrage stellen die kunstfertigen Ordensschwestern aus alten Wachsmodeln gegossene Christkindl her.

Kloster Reutberg, Reutberg bei Sachsenkam, ☎ 0 80 21/83 82. Schöner Biergarten, gemütliche Wirtsstube, Bier aus der Klosterbrauerei; auch einige einfache Fremdenzimmer. $

Ins Tegernseer Tal

Seit jeher faszinierte das Tegernseer Tal Künstler und Schöngeister und spornte sie zu Höchstleistungen an. Von der „Postkarten-Idylle“ bis zum „Paradies auf Erden“ und dem „Platz der Freude und Glückseligkeit“ reicht das überschwengliche Lob der Enthusiasten. Das Geheimnis der bis heute ungebrochenen Anziehungskraft des Tegernsees liegt in der Mischung aus harmonischer Voralpenlandschaft, Segel- und Surfvergnügen, mondänem Flair und bayerischem Lokalkolorit. Leider ist sein guter Ruf etwas angekratzt. Sein Negativ-Image als „Lago di Prozzo“ verdankt der See diversen Neureichen aus München sowie der millionenschweren Prominenz, die sich mit Zweitwohnsitzen an den Gestaden des Sees niedergelassen hat. Wenn in den Sommermonaten noch all die Urlauber und Ausflügler hinzukommen, wird’s eng rund um den See.

Tipp Bleibt als (wirklich lohnende!) Alternative, eine Tour in den Morgenstunden zu unternehmen oder die Seeorte vom Wasser aus anzusteuern. Die Motorboote verkehren ungefähr im 30-Minuten-Takt, als Sonderservice steht fast immer ein Schiffstaxi zur Abfahrt bereit.

i Staatliche Schifffahrt Tegernsee, Seestraße 70, 83684 Tegernsee, ☎ 0 80 22/47 60, FAX 37 66.

Blick auf Tegernsee und Bad Wiessee

Gmund

Am nördlichen Eingang zum Tegernseer Tal liegt Gmund (6100 Einw.), wo sich der schönste Blick über den See und die mit Wald und Wiesen bedeckten Berge bietet. Der Ort wirbt mit seinem ländlichen Charakter, der zumindest an solchen Stellen spürbar wird, wo die Kühe noch fast bis an den See weiden. In Gmund gibt es auch die einzige Segelschule am Tegernsee.

Für eine kleine Überraschung sorgt die barocke Pfarrkirche **St. Ägidius.** Kaum jemand vermutet hinter ihrer schlichten Fassade eine Ausstattung, bei der hochkarätige Künstler mitgewirkt haben: der Maler Hans Georg Asam, Vater der berühmten Brüder, der u. a. das Altargemälde schuf, und der Bildhauer Ignaz Günther, vom dem das Holzrelief des Barmherzigen Ritters stammt.

i Verkehrsamt, Kirchenweg 6, 83703 Gmund, ☎ 0 80 22/ 75 05 27, FAX 75 05 45.

Kistlerwirt, Schlierseer Str. 60, ☎ 0 80 22/9 68 37 10. Angenehmes Haus mit freundlichem Service. $

Toelle, Osterberg 3, ☎ 0 80 22/72 85. Private Unterkunft mit Frühstück, ruhig gelegen. $

Gut Kaltenbrunn, ☎ 0 80 22/ 79 69. Das über dem Tegernsee gelegene Gut, das einst den bayerischen Königen gehörte, bietet gutbürgerliche Gerichte. Biergarten mit herrlichem Blick über den See. Von der Anlegestelle geht es etwa 10 Min. zum Gut hinauf. $

Im Sommer herrscht am Tegernsee touristischer Hochbetrieb ...

... doch gibt es in den Uferorten auch noch schöne alte Häuser

3

Seite 61

Tegernsee

Beste PR-Arbeit für den Fremdenverkehr im Tegernseer Tal leistete König Max I. Joseph, als er das in der Säkularisation aufgelöste Kloster in Tegernsee (4200 Einw.) zu Beginn des 19. Jhs. erwarb und für seine Frau zum Schloss umbauen ließ. Herzöge, Könige und Kaiser waren hier zu Gast, und im Gefolge der gekrönten Häupter kamen seit dem Ausbau der Eisenbahnlinie auch all die anderen Sommerfrischler. Gut tausend Jahre früher hatten schon die Benediktinermönche das Tal für sich entdeckt und ihr Kloster an einer der auch heute noch schönsten Stellen am See errichtet. Kloster Tegernsee gehörte zu den kulturellen Hochburgen Bayerns, seine Bibliothek konnte es zeitweise sogar mit den Schätzen des Vatikans und den Sammlungen der Medici aufnehmen. Von den Klosterbauten steht seit der Säkularisation nicht mehr viel. Die ehemalige Kirche **St. Quirin** wurde von italienischen und bayerischen Künstlern umgestaltet und ist Kunsthistorikern vor allem wegen ihrer Deckenfresken, Frühwerken von Hans Georg Asam, ein Begriff. Erst Kloster, dann Schloss, beherbergen die Gebäude heute ein Gymnasium und das Herzogliche Brauhaus.

3

Seite 61

Einer der scharfsichtigsten Porträtisten seiner Zeit, der Maler, Zeichner und Karikaturist Olaf Gulbransson, erwarb 1929 einen alten Bauernhof, den Schererhof über dem Tegernsee, wo er bis zu seinem Tod 1958 zusammen mit seiner Frau Dagny lebte und arbeitete. Das **Olaf-Gulbransson-Museum** im Kurgarten (☎ 0 80 22/33 38, Di–So 14 bis 18 Uhr, Nov. geschl.) zeigt neben einer Fotodokumentation zu seinem Leben und einigen seiner berühmtesten Karikaturen für die Satire-Zeitschrift „Simplizissimus" auch weniger Bekanntes, darunter einige ungewöhnlich feine Porträt- und Landschaftsstudien.

i Kuramt im Haus des Gastes, 83684 Tegernsee, ☎ 0 80 22/ 18 01-40/41, Fax 37 58.

Großer Parapluie

Ein herrlicher * *Blick* auf den Tegernsee bietet sich vom Großen Parapluie am Leeberg, oberhalb des Ortes Tegernsee. Den französischen Namen hat der Aussichtspunkt von seiner ungewöhnlichen Bedachung, die sich wie ein Regenschirm über die Plattform spannt.

Bayern, Neureuthstr. 23, 83684 Tegernsee, ☎ 0 80 22/ 18 20. Die Topadresse zum Übernachten und exzellenten Speisen, Bilderbuch-Panorama. $$$

Ludwig Thoma, Ludwig-Thoma-Weg 21, 83684 Tegernsee, ☎ 0 80 22/ 22 44. Gästehaus mit Frühstück in ruhiger Lage. $$

Gästehaus Kölbl, Kleinbergstr. 2, 83684 Tegernsee, ☎ 0 80 22/30 62. Komfortable Unterkunft in ruhiger, zentraler Lage. $–$$

Leeberghof, Ellingerstr. 10, ☎ 39 66. Ausflugslokal der gehobenen Klasse, sehr gute Küche, Terrasse und Garten mit schönem Blick. $$$

Herzogliches Bräustüberl im Schloss, ☎ 41 41. Das ganze Jahr über Oktoberfeststimmung unter alten Gewölben, bekannt bis über die bayerischen Grenzen hinaus. $

Rottach-Egern

Das Dorf der Maler und Musiker, Schriftsteller und Poeten ist der Doppelort (6500 Einw.) schon lange nicht mehr. Heute wohnen hier die meisten Prominenten, finden sich die teuersten Hotels, die exklusivsten Fachgeschäfte und Boutiquen. Die wenigen noch erhaltenen prächtigen, alten Bauernhäuser sind meist zweckentfremdet zu Nobelherbergen oder Luxusdomizilen. Erahnen lässt sich der alte Dorfkern noch unten am See rund um die Pfarrkirche **St. Laurentius.** Auf dem Friedhof lassen sich prächtige schmiedeeiserne

Grabkreuze entdecken, die Namen wie Ludwig Thoma, Ludwig Ganghofer und Olaf Gulbransson tragen.

Tipp Vom 1620 m hohen **Wallberg** (Talstation der Kleinkabinenbahn in Rottach-Egern; Fahrzeit ca. 13 Min.) lässt sich ein herrlicher Panoramablick genießen (Restaurant).

i Kuramt, Nördliche Hauptstraße 9, 83700 Rottach-Egern, ☎ 0 80 22/67 13 41, FAX 67 13 47.

Bachmair, Seestr. 47, ☎ 0 80 22/27 20. Luxusherberge. $$$
Walters Hof, Seestr. 77, ☎ 0 80 22/ 27 70. Ein Hotel der Spitzenklasse. $$$
Kalkofen, Kalkofen 5, ☎ 0 80 22/ 6 56 26. Gemütliche Pension in ruhiger Lage, gutbürgerliche Küche mit Biergarten. $–$$
Café-Restaurant-Pension Angermaier, Berg 1, ☎ 0 80 22/2 60 19. Der ehemalige Hof des Klosters bietet bäuerlich gute, hausgemachte Küche. $–$$

Egerer Stadl, Seestr. 77, ☎ 27 70. Die rustikale Dependance von Walters Hof serviert bayerische Schmankerln. $$
Bachmair-Weißbach-Stuben, Tegernseer Str. 103, ☎ 27 10. Gepflegtes bayerisches Restaurant; So geschl. $$

Bad Wiessee

Die einen versuchen ihr Glück im Spiel, die anderen im „Gesundbrunnen": Der Kurort (5050 Einw.) bietet beides – das Bad und die Spielbank (Bodenschneidstr. 10, ☎ 0 80 22/9 83 50, ⌚ tgl. 15–2, Sa bis 3 Uhr). Aus Zufall entdeckte man zu Anfang des 20. Jhs. die Wiesseer Heilquellen. Eigentlich bohrte hier zum Entsetzen der Talbewohner ein Holländer nach Öl, aber was er in 700 m Tiefe fand, war übel riechendes Wasser –

Rottach-Egern, heute ein mondäner Kur- und Urlaubsort

3
Seite 61

Auf der viel besuchten Schliersberg-Alm

Kapellenaltar in einem Weiler am Wendelstein

Deutschlands stärkste Jod-Schwefel-Quelle. Die Einheimischen errichteten ein Badehaus, aus dem sich eines der führenden Kurbäder entwickelte. Bis heute lebt Bad Wiessee ganz gut von dem Geschäft mit der Gesundheit. Im Gegensatz zu den anderen Orten am Tegernsee hat sich Bad Wiessee noch Stücke unverbauten Ufers erhalten, an dem es sich fernab vom Straßenlärm gut spazieren gehen lässt.

3

Seite 61

Kuramt, Adrian-Stoop-Str. 20, 83704 Bad Wiessee, ☎ 0 80 22/8 60 30, ℻ 86 03 30.

Seeblick, Überfahrtweg 16, ☎ 8 12 24. Private Unterkunft in ruhiger Seelage. $

Schliersee

Nach dieser Tour einmal rund um den See geht es über Hausham zum viel kleineren Nachbarsee. Seinen ländlich-beschaulichen Charakter konnte sich der Schliersee nur bedingt bewahren, wurde das beliebte Kur- und Freizeitgebiet an der Deutschen Alpenstraße doch schon im 19. Jh. vom Fremdenverkehr entdeckt. 1892 gründeten der königliche Hofschauspieler Konrad Dreher und der Gastwirt Xaver Terofal das später weithin bekannt gewordene Schlierseer Bauerntheater. Der alte Ortskern von Schliersee (6500 Einw.) gruppiert sich mit seinen hübschen Bürger- und Bauernhäusern rund um die barocke Pfarrkirche *St. Sixtus,* die der junge Johann Baptist Zimmermann 1714 stuckierte und ausmalte.

Tipp Ein kleines Erlebnis ist die Besichtigung der Schlierseer **Enzianbrennerei.** Wer sich vom Chef des traditionsreichen kleinen Familienbetriebs höchstpersönlich in die Geheimnisse der Schnapsherstellung einweihen lässt, kommt hochprozentig auf seine Kosten. (🕓 Besichtigung jeden Fr 15 und Sa 11 Uhr; ☎ 0 80 26/7 10 37.)

Kurverwaltung, 83722 Schliersee, ☎ 0 80 26/ 6 06 50, ℻ 60 65 20.

Ein beliebtes Ausflugsziel mit schöner Aussicht ist die **Schliersberg-Alm** (1061 m; Gondelbahn; Hotel und Restaurant); für die Talfahrt bietet sich die Sommerrodelbahn an. $–$

Wendelstein und Sudelfeld

Kurz vor *Bayrischzell,* im Ortsteil Osterhofen, liegt die Talstation der Seilbahn zum 1838 m hohen **Wendelstein** (Auffahrt 6,5 Min.). Ein bequemes Wanderwegenetz erschließt die Gipfelregion dieses dicht besiedelten und viel besuchten Aussichtsbergs. Der *Geo-Park* führt zurück in die Urzeit vor 250 Millionen Jahren, als der Berg noch ein Korallenriff in einem subtropischen Ozean war. Heute stechen die High-Tech-Anlagen ins Auge, die den Wendelstein zu einem Forschungs- und Experimentierfeld machen – eine Wind- und Sonnenenergieanlage, die Wetterstation und Deutschlands modernste Sternwarte. Verschiedene Rundwege führen an Naturdenkmälern, Schau- und Panoramatafeln vorbei, die Nachhilfe in Sachen Erdgeschichte geben. Eine *Schauhöhle* führt 200 m weit in den Gipfelfelsen hinein. Mit seinem *Wendelsteinkircherl* (erbaut 1890) bietet der Berg einen Superlativ: es ist Deutschlands höchstgelegene Kirche (1735 m, im Sommer Gottesdienste). Außer mit der Seilbahn lässt sich der Wendelstein auch mit der neuen *Zahnradbahn* erklimmen (Talbahnhof Brannenburg; Fahrzeit 25 Min.). Wer will, kann den Wendelstein natürlich auch zu Fuß besteigen (ca. 3 Std.).

Wendelstein-Bergbahnen, Kerschelweg 30, 83098 Brannenburg/Inn, ☎ 0 80 34/ 3 08-0; hier sind auch ein Faltprospekt mit Gipfelwanderplan und eine Broschüre zum Geo-Park erhältlich.
Kuramt Bayrischzell, 83735 Bayrischzell, ☎ 0 80 23/6 48, ℻ 10 34.

Alpenrose, Schlierseer Str. 6, 83735 Bayrischzell, ☎ 0 80 23/6 20.

Stattliches Haus der Jahrhundertwende; gutbürgerliche Küche. $$
Alpenglühn, Tiroler Str. 12, ☏ 0 80 23/6 26. Gästehaus garni. $

In zahlreichen Kehren mit schöner Aussicht führt die Deutsche Alpenstraße hinauf zu dem beliebten Skigebiet **Sudelfeld** (in einer Höhe von 1100 bis 1450 m). Die Sudelfeldstraße, wie die Deutsche Alpenstraße ab Bayrischzell auch heißt, endet am *Tatzelwurm.*

Die Wendelsteinbahn

Nach Oberaudorf

Weiter geht es nach Oberaudorf, von wo es nur noch wenige Minuten zur Autobahn München – Innsbruck sind.

Ochsenwirt, 83080 Oberaudorf, ☏ 0 80 33/40 21. Eines der ältesten Wirtshäuser im Inntal; mehrfach preisgekrönte bayerische Küche. $–$$

3
Seite 61

Jennerwein und seine Enkel

Die wenigsten wissen, dass auf dem Friedhof der Kirche St. Martin im Schlierseer Ortsteil Westenhofen der gebürtige Schlierseer und legendäre Wildschütz Georg „Girgl" Jennerwein begraben liegt. Das Konterfei des verwegenen jungen Burschen prangt auf dem schmiedeeisernen Grabkreuz, und darunter steht zu lesen, was sich an seinem Todestag, dem 6. November 1877, zutrug: „Ein stolzer Schütz in seinen besten Jahren, er wurde weggeputzt von dieser Welt. Man fand ihn erst am neunten Tage auf hohen Peißenberg bei Tegernsee." Der Jäger Pföderl hatte den 29-jährigen Holzknecht Jennerwein mit einem Schuss von hinten ins Jenseits befördert. Was immer die wahren Beweggründe für diese grausige Tat gewesen sein mochten – unter anderem war von Eifersucht die Rede –, der Obrigkeit dürfte der Jäger damit nur einen Gefallen erwiesen haben. Sie war den Wilderer, den das einfache Volk schon zu Lebzeiten zum edlen Helden hochstilisierte, endlich losgeworden. Das Volk liebte und verehrte seinen „Girgl" – um so mehr nach dem hinterhältigen Mord. Es hieß, dass er das königliche Wild weder für die hohen Jagdbesitzer noch für sich, sondern für die armen Bergbauern und Forstleute schoss – eine romantische Vorstellung, die verkennt, dass die Wilderer vielfach selbst aus ärmlichen Verhältnissen stammten und den Erlös, den sie mit dem heimlichen Verkauf der Beute erzielten, gut brauchen konnten. Das Interesse an der Wilderei hat laut Bayerischem Landesjagdverband nicht nachgelassen, nur dass „Jennerweins Enkel im Jeep kommen", wie eine Zeitung treffend formulierte. Aus Geldgier wird den Tieren nachgestellt, die teilweise sogar vom Aussterben bedroht sind und daher unter Artenschutz stehen. Das hat überhaupt nichts mehr mit Romantik zu tun, sondern hier handelt es sich ganz klar um einen Fall für die Kripo.

Route 4

4

Seite 69

Der Chiemgau – Eiszeitgletscher als Landschaftsarchitekten

Rosenheim – Wasserburg – Schloss Amerang – Kloster Seeon – Chiemsee – Seebruck – Reit im Winkl – Ruhpolding – Gletschergarten bei Inzell – Siegsdorf – Traunstein (190 km)

Der Chiemgau verdankt seine Entstehung wie das übrige Alpenvorland der letzten Eiszeit. Aber hier modellierten die Gletscher eine enorm weiträumige Landschaft mit Hügeln, Höhenzügen und Tälern, die den Blick auf markante Bergsilhouetten freigeben. Ein Becken hobelten sie aus, in dem ein See, fast ein Meer, und noch ein paar Inseln dazu Platz haben. Wenn auch zuweilen in der Hochsaison der Eindruck aufkommt, dass die moderne Freizeitindustrie selbst den entlegensten Winkel in ihren Besitz genommen hat, bleiben doch immer wieder Rückzugsmöglichkeiten, ob an einem der verträumten Moor- und Waldgewässer im nördlichen Chiemgau oder an Bord eines Heißluftballons, der über dem Chiemsee fauchend in den Himmel steigt. Die Route führt mit Abstechern in den nördlichen Chiemgau und von dort an den Chiemsee. Dann wendet sie sich nach Süden und folgt der Deutschen Alpenstraße bis zur Abzweigung nach Inzell. Zurück geht es Richtung Norden bis Traunstein.

Rosenheim

Rosenheim (57 000 Einw.) erfreut sich in erster Linie großer Beliebtheit als Messe- und Einkaufsstadt. Seit jeher profitierte es von seiner zentralen Lage an den großen Verkehrsachsen nach Italien und Österreich. Dadurch war die Entwicklung der Stadt zum wirtschaftlichen Mittelpunkt Südostbayerns eigentlich schon seit ihrer Gründung im frühen Mittelalter vorgezeichnet. Der florierende Salzhandel brachte Wohlstand und Reichtum. Davon zeugen heute noch im historischen Stadtkern rund um den **Max-Josefs-Platz** (Fußgängerzone) die vornehmen Bürgerhausfassaden im Inn-Salzach-Stil. Das **Innmuseum** (Innstr. 74, ◷ April bis Okt. Fr 9–12, Sa/So 10–16 Uhr) dokumentiert eindrucksvoll die Geschichte der Schifffahrt und das Leben am Fluss. Weltweit angesehen ist die Fachhochschule für Holztechnik.

Ausstellungsforum

Im **Lokschuppen am Rathaus** in Rosenheim hat die ambitionierte Kunst- und Kulturszene mit Wechselausstellungen ein viel beachtetes Ausstellungsforum gefunden (◷ Di bis Sa 9–13, 14.30–17, So ab 10 Uhr).

i Verkehrsbüro, Kufsteiner Str. 4, 83022 Rosenheim, ☎ 0 80 31/30 01 10, FAX 30 01 65.

** Wasserburg am Inn

In einer Flussschleife gelegen, präsentiert sich die Stadt (11 000 Einw.) als die Perle unter den bayerischen Innstädten. Im Wasser spiegeln sich die Fassaden und Türme einer fast vollständig erhaltenen gotischen Altstadt mit Burg und Stadtmauern. Salzhandel und Schifffahrt brachten Wohlstand. Zwei der größten Baumeister ihrer Zeit, Hans Stethaimer und Stephan Krumenauer, errichteten in der ersten Hälfte des 15. Jhs. den Neubau der * **Pfarrkirche St. Jakob.** 200 Jahre später bereicherten die Brüder Zürn das Gotteshaus durch eine meisterhaft geschnitzte Kanzel. J. B. Zimmermann verpasste dem noblen **Kernhaus** am Marienplatz eine Rokokofassade, die es an Pracht mit jedem Palais aufnehmen kann. Typisch für Wasserburg sind aber die spätgotischen, unstuckierten Bürger-Hausfronten im Inn-Salzach-Stil, wie man sie zum Beispiel in der *Herrengasse* hinter dem Rathaus findet. Die Fassaden sind auf Firsthöhe hochgezogen und schließen oben horizontal ab; das Erdgeschoss öffnet sich zu schattigen Arkaden und Laubengängen.

Tipp Einen schönen Blick über die Altstadt innerhalb der Flussschleife hat man vom Aussichtspunkt *Zur schönen Aussicht* (Parkplatz). Ein kurzer Fußweg führt den Berg hinunter über die alte Innbrücke in die Altstadt.

Verkehrsamt, 83512 Wasserburg am Inn, ☏ 0 80 71/ 10 50 und 1 05 22.

Hotel Fletzinger, Fletzingergasse 1, ☏ 0 80 71/80 10, FAX 4 08 10. Gutbürgerliches Haus mit Tradition, zentral und doch ruhig gelegen, Gastwirtschaft mit bayerischer Küche und Biergarten. $

Wasserburger Trödelei, Schmidzeile 2, ☏ 4111. Antiquitäten aus aller Welt.

Gut erhalten sind viele der schönen alten Häuser in Wasserburg am Inn

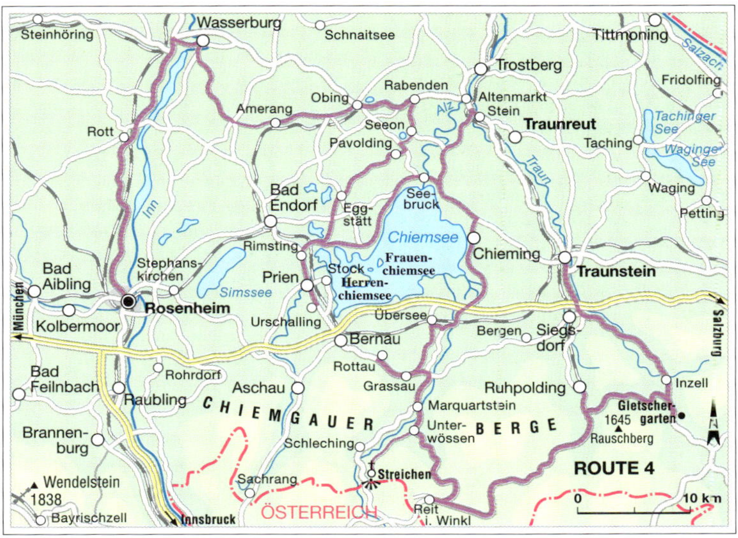

Schloss Weikertsham

In ländlicher Umgebung auf dem östlichen Innhochufer bei Wasserburg gelegen, stammt der anmutige Bau aus dem späten Mittelalter. Mit einem Antiquitätengeschäft, Ausstellungen und Konzerten hat es sich zu einem kulturellen Treffpunkt entwickelt. Außerdem bietet es die Möglichkeit von Bed & Breakfast. (🕓 Mi–Fr 14–18, Sa 13–16, So 14 bis 17 Uhr; ☎ 0 80 71/5 13 38.)

4

Seite 69

Amerang

Die romantischste Art und Weise, das **Schloss Amerang** kennen zu lernen, bietet sich im Rahmen eines der abendlichen Konzerte, die der Schlossherr bei schönem Sommerwetter unter freiem Himmel veranstaltet. Dann füllt sich der Innenhof mit Leben, nehmen die Besucher in den lauschigen Arkaden ihre Plätze ein, und mit Einbruch der Dämmerung gehen in allen Etagen die Kerzen an. Auch außerhalb der Konzerte ist der Renaissance-Arkadenhof zu besichtigen. Einblick in die Wohnkultur der Schlossherren von einst und jetzt geben Esszimmer, Rittersaal und die Salons mit wertvoller Innenausstattung im Rahmen einer Führung (nach Vereinbarung ☎ 0 80 75/91 92-0).

Ländliches Wohnen und Wirtschaften präsentiert das **Bauernhausmuseum Amerang** (Im Hopfgarten, 🕓 Mitte März bis Mitte Nov. tgl. außer Mo 9–18 Uhr; ☎ 0 80 75/91 50 90). Das **EFA-Automobil-Museum** (Wasserburger Str. 38; 🕓 tgl. außer Mo 10–18 Uhr; ☎ 81 41) stellt vom ersten Daimler-Motorwagen bis zum Automodell der Gegenwart deutsche Klassiker aus allen Epochen aus; hier ist auch die weltgrößte Modelleisenbahn-Anlage der Spur II zu besichtigen.

i Verkehrsamt, Bahnhofstr. 3, 83123 Amerang, ☎ 0 80 75/91 97-0.

Über Rabenden nach Seeon

In **Rabenden** ist die Kirche *St. Jakob* sehenswert. Mit dem *Hochaltar (1510), einem Musterbeispiel eigenwilliger bayerischer Schnitzkunst, ist das Dorf in die Kunstgeschichte eingegangen. Außerdem verhalf es dem Künstler zu der Bezeichnung „Meister von Rabenden“, denn wie der Schnitzer wirklich hieß, blieb ein Rätsel. In der Mitte des Altars steht – als Pilger gekleidet – der Apostel Jakobus mit breitkrempigem Hut und Wanderstab. Seine Gebeine sollen im spanischen Wallfahrtsort Santiago de Compostela ruhen.

Kloster Seeon liegt bezaubernd inmitten eines Moorsees auf einer kleinen Halbinsel. Seit jeher spielte bei den Inselmönchen der über 1000 Jahre alten Benediktinerabtei die Pflege der Künste eine zentrale Rolle. Im Rokoko stand die Musik an erster Stelle: Der Abt gründete ein Kammerorchester, die Patres musizierten und komponierten, und kein Geringerer als W. A. Mozart machte in Seeon Zwischenstation. Bei einer der Visiten – noch mit Vater und Schwester, im Jahre 1767 – komponierte der Elfjährige mal eben flink auf einer Fensterbrüstung das Offertorium „Scande coeli lumina“. Sehenswert ist der *Friedhof* am Kloster mit seinen russisch-orthodoxen Kreuzen (Grabstätte der „letzten Zarentochter“ Anastasia).

Klostergaststätte Seeon, Klosterweg 2, ☎ 0 86 24/30 85. Gehoben bayerisch, getafelt wird im gotischen Gewölbekeller oder auf der Seeterrasse. Warme Küche 11.30–14, 17.30–21.30 Uhr; 1. Dez. bis Ostern Mo Ruhetag. ($)

Ein Holzsteg hinter dem Kloster führt zu einem Fußweg in den ruhigen Ort **Seeon,** einen beliebten Ausgangspunkt für Wander- und Badetouren.

Helga, Weinbergstr. 56, ☎ 0 86 24/25 47. Einfache, ruhige Pension mit kleinem Café- und Restaurantbetrieb; Panoramablick auf den nahen Chiemsee. ($)

Kunst auf der Kuhweide lässt sich am Straßenrand kurz nach dem Ortsausgangsschild von *Pavolding* besichtigen. Die riesigen *Bronzefiguren* mit ihren spindeldürren Armen und runden Bäuchen schuf der Bildhauer Heinrich Kirchner (1984 gest.) in seiner Bauernhof-Werkstatt vis-à-vis. Weiter geht die Fahrt durch das sanft wellige, von Hochmooren und winzigen Moor- und Waldseen durchsetzte Hügelland.

Die markanten Türme des Klosters Seeon

Der Chiemsee

Wasserburg, die Stadt in der Flussschleife

Mit über 80 km² Wasseroberfläche und 64 km Uferlänge ist der Chiemsee der größte bayerische See, weswegen man ihn auch „Bayerisches Meer“ nennt. Es gibt sogar Ebbe und Flut: alle drei bis vier Stunden schwankt der Wasserspiegel zwischen 3 und 30 cm! „Weitsee“ nennen die Fischer den größeren Ostteil des Gewässers, den kleineren Westteil mit den drei Inseln und den wasserumspülten Landzungen „Inselsee“. Jachthäfen, Strandbäder und Ringkanalisation weisen den See nicht nur als beliebtes Segel- und Surfrevier, sondern auch als Badeparadies mit guter Wasserqualität aus, wenn auch zum Leidwesen von Umweltschützern und Naturliebhabern die stark befahrene A 8 direkt am Südufer entlangläuft.

Alternativen bieten sich genug, von der Radtour auf dem „Chiemsee-Rundweg“ um den See bis hin zur stillen Moor- oder Vogelstimmenwanderung. Die schönste Perspektive auf die Chiemgauer Berge eröffnet sich von Bord eines der Schiffe, die ganzjährig über den See kreuzen und die Inseln ansteuern.

i Tourismusverband Chiemsee e.V., Alte Rathausstr. 11, 83209 Prien am Chiemsee, ☎ 0 80 51/22 80, FAX 6 10 97.
Schiff: Chiemseeschifffahrt Ludwig Feßler, Seestr. 108, 83209 Prien am Chiemsee, ☎ 0 80 51/60 90, FAX 6 29 43.

Bronzefiguren von Heinrich Kirchner, Pavolding

4
Seite 69

4

Seite 69

Prien am Chiemsee

Ihre Karriere als „Sommerfrische“ starteten der See und der Fremdenverkehrsort (9100 Einw.) schon im 19. Jh., als in Scharen erst die Landschaftsmaler und dann die Ausflügler aus München kamen und hier den Sommer verbrachten. Manche blieben gleich ganz da, wie der Maler Max Haushofer, der auf der Fraueninsel eine Gastwirtstochter heiratete. Die Bilder der Chiemseemaler sind in der **Galerie Im Alten Rathaus** und im **Heimatmuseum** (Friedhofweg 1, ☎ 69 05 10) zu sehen. Von den grimmigen Wogen des „wetterwendischen“ Chiemsees ließ sich wohl auch Rokokomaler J. B. Zimmermann inspirieren, als er 1730 für das Langhaus der spätgotischen **Pfarrkirche Mariä Himmelfahrt** die „Seeschlacht von Lepanto“ im Golf von Korinth entwarf.

Jachthotel Chiemsee, Harasser Str. 49, ☎ 0 80 51/69 60. Luxushotel und -restaurant; von der Terrasse schaut man auf stattliche Segelboote und die hauseigene Hochseejacht „Stella Bavariae“. $$

Hotel Reinhart, Seepromenade, ☎ 0 80 51/10 43. Solides Hotel mit guter Küche, Fischspezialitäten. $–$$

Schützenhaus, Au 3, ☎ 0 80 51/27 01. Bayerische Gaststätte mit Pension. $

Gästehaus Neuer, Seestr. 104, ☎ 0 80 51/24 10. Gute Pension. $

Der Hafen von Prien, der größte des Chiemsees, liegt im 2 km entfernten Ortsteil Stock. Von Stock starten die Linienschiffe zur Rundfahrt oder steuern die Inseln an.

„Feuriger Elias“

Freunde der Nostalgie lassen sich vom Bahnhof Prien stilecht mit dem „feurigen Elias“, einer über hundert Jahre alten Dampflok, nach Stock bringen (Mai–Sept.) und stechen von dort mit dem historischen Raddampfer in See.

* Frauenchiemsee

Weit über den See sichtbar ragt die dicke Zwiebelhaube des Glockenturms von Frauenchiemsee aus den Baumkronen – Wahrzeichen des **Inselklosters** und des Chiemgaus. Idyllisch liegt das Kloster zwischen alten Weiden, Fischerhäusern und einzelnen Gasthöfen. Am Blumen- und Kräutergarten der Ordensfrauen vorbei sind es nur wenige Schritte von der Schiffsanlegestelle zum **Münster** der im 8. Jh. gegründeten Benediktinerinnenabtei. Als Stifterin der Klosteranlage gilt die selige Irmengard, die in spätkarolingischer Zeit der Abtei als Äbtissin vorstand. Heute haben sich die Benediktinerinnen u. a. mit Seminaren und Tagungen in den Dienst der Erwachsenenbildung gestellt. Von der ursprünglichen karolingischen Anlage steht ein paar Schritte vom Münster entfernt die **Torhalle** (Abb. S. 15) mit sehenswerten Fresken.

Die verpachtete Gaststätte „Klosterwirt“ ist auf den Seminarbetrieb eingestellt und erfüllt daneben auch hohe Ansprüche festlicher Bewirtung. $$

Im Klosterladen mit Bücherstube gibt es u. a. auch wohlschmeckende Kräuterliköre.

Von ihrer stillsten Seite zeigt sich die Insel nach Abfahrt des letzten Schiffes, wenn das Eiland wieder den knapp 200 Insulanern – Nonnen, Fischern, Handwerkern, Künstlern, Wirten – und Inselverliebten gehört.

Gästeheim Michael Lanzinger, Hausnr. 9, 83256 Frauenchiemsee, ☎ 0 80 54/3 29. Fremdenzimmer beim Inselbäcker, einfach, sauber, mit großem Garten. $

Zur Linde, Fraueninsel, ☎ 0 80 54/3 16. Schöner Platz unter Bäumen mit Blick auf blühende Bauerngärten, dazu frisch gebackene Kuchen oder Fischsuppe. Wer das letzte Schiff verpasst hat, kann hier nobel übernachten. $$

Inselwirt, Fraueninsel, ☏ 0 80 54/6 30. Zum Blick über das Wasser die fein zubereiteten Fische aus dem See; komfortable Unterkunft. (S)

Die Nostalgie-Bahnlinie führt am Chiemsee von Prien nach Stock

** Herrenchiemsee

Würde Ludwig II. heute leben, gälte er möglicherweise auch als Umweltschützer, denn er rettete die bewaldete Insel vor dem Kahlschlag durch Holzspekulanten. Inmitten des alten Baumbestandes wuchs dann seit 1878 das unglaublich luxuriöse **Königsschloss** empor. Knapp acht Jahre später mussten die Bauarbeiten aus Geldmangel eingestellt werden. Das Schloss – eine fast perfekte Nachbildung des Palastes von Versailles – blieb unvollendet. Zu den Hauptattraktionen der halbstündigen Besichtigungstour (🕓 April–Sept. 9–17, Okt.–März 9.30–16 Uhr, ☏ 0 80 51/ 6 88 70, FAX 68 87 99) gehören die fast 100 m lange *Spiegelgalerie* oder das *Speisezimmer* mit dem „Tischleindeckdich", einem ausgeklügelten technischen Machwerk, das dem menschenscheuen, exzentrischen König den Anblick seiner Diener ersparte. Im Schatten des viel besuchten Königsschlosses steht das **Alte Schloss,** in dessen barocker Vierflügelanlage 1948 der Verfassungskonvent tagte, um das Grundgesetz der Bundesrepublik Deutschland zu erarbeiten.

Das Königsschloss Herrenchiemsee

Abstecher nach * Urschalling

Ein kurzer Abstecher (3 km) führt von Prien nach Urschalling mit seiner kleinen romanischen **Kirche St. Jakob,** die bedeutende Fresken aus dem 13. und 14. Jh. besitzt. Ob sich die Weiblein geduldig hinter ihren Männlein anstellen, bis Gottvater sie alle aus dem grausligen Höllenrachen befreit, oder ob Gottvater, Sohn und Heiliger Geist als drei Köpfe aus einem Leib wachsen – der bunte Bilderbogen besticht durch seine naive Ausdruckskraft und Originalität.

Ein kleiner Ausschnitt des „bayerischen Meeres"

4
Seite 69

Mesner-Stub'n, ☏ 0 80 51/ 39 71. Wirtshaus mit kleinem Biergarten an der Kirche. $

Seebruck

Auf der nördlichen Uferstraße geht es nach Seebruck (1200 Einw.). Wo heute vom modernen Jachthafen aus die High-Tech-Segler starten, dümpelten noch bis vor hundert Jahren schlichte Einbäume auf dem Wasser. Zur Römerzeit gab es hier am Nordende des Sees eine bedeutende Ansiedlung mit Kastell. Auf einem archäologischen Rundwanderweg sind u. a. ein *römisch-norisches Gräberfeld* sowie das *Römermuseum Bedaium* (Römerstr. 3, Di–Sa 10–12, 15–17, So 15–17 Uhr) zu besichtigen. Es stellt vom Weinfass bis zum Angelhaken keltische und v. a. römische Funde aus dem Chiemgau aus.

4

Seite 69

Verkehrsamt Seebruck, Anger 1, 83358 Seebruck, ☏ 0 86 67/71 39, FAX 74 15.

Zur Post, Ludwig-Thoma-Str. 8, ☏ 88 70. Gastwirtschaft, die durch die Familie Ludwig Thomas bekannt wurde; die Mutter des Heimatdichters führte im 19. Jh. den Betrieb; tgl. 10–22 Uhr. $$

Landgasthof Lambach, Seebruck-Lambach, ☏ 4 27. Historischer Gasthof mit eigenem Badestrand und Bootsanlegesteg, serviert wird gute bodenständige Küche. $$

Schaurig ...

Ein Abstecher (9 km) führt von Seebruck über Truchtlaching zur **Höhlenburg Stein a. d. Traun,** wo ein sagenhafter Raubritter vor Hunderten von Jahren sein schauriges Wesen getrieben haben soll: er stahl, mordete, soff und hurte auf Teufel komm raus – für Gruselgeschichten ist auf der Führung durch die finsteren Gänge (Anmeldung ☏ 0 86 21/ 28 36) reichlich gesorgt.

Nach Chieming

Ein Mekka für Pferdefreunde oder solche, die mal nobel bayerisch ausspannen wollen, ist das Hoteldorf und Chieminger Pferdesportzentrum **Gut Ising** mit Reit- und Polokursen, Pferde- und Kutschenmuseum (tgl. ab 11 Uhr).

Hotel-Gutsgasthof Zum Goldenen Pflug, Gut Ising, Kirchberg 3, ☏ 0 86 67/ 7 90, FAX 7 94 32. Wunderschön auf einem Hügel gelegen, mit ausgedehnten Freizeitsportanlagen, eigenem Badegelände am See. Der moderne Hotelbetrieb passt sich gelungen in das historisch gewachsene Ambiente ein. $$$

Chieming (3900 Einw.), der Erholungsort am ruhigen Ostufer des Sees, hat sich weitgehend seine Ländlichkeit bewahrt und bietet 6 km Strand mit Strandbad und Seepromenade, Kneipp-Anlage, Radeln und Wandern in reizvoller Umgebung. Kultureller Mittelpunkt (Veranstaltungszentrum) ist der *Denglhamer-Hof,* ein restauriertes Bauernhaus aus dem 19. Jh.

Verkehrsamt, 83339 Chieming, ☏ 0 86 64/2 45, FAX 89 98.

„Kendlmühlfilzen"

Bei **Rottau,** bevor die Chiemsee-Route in die Berge führt, erstreckt sich die geschützte Hochmoorlandschaft „Kendlmühlfilzen", in die viele reizvolle Wander- und Radwege führen. Über den einstigen Torfabbau in der Gegend kann man sich im 1920 erbauten *Torfbahnhof Rottau* am Rande des Naturschutzgebietes informieren. Man sieht u. a. eine in Europa einmalige Torfpresse sowie eine Feldbahnanlage. (Führung inkl. Rollwagerlfahrt für Kinder: April–Nov. jeden Sa 14 und 15.30 Uhr.)

Zwischen Rottau und Grassau, an der B 305, liegt das Soleleitungsmuseum **„Brunnhaus-Klaus-Häusl"** (☏ 0 86 41/ 54 67, Mai–Okt. Di–Sa 14–17, So 10–17 Uhr; s. auch S. 82).

Verkehrsverein, 83224 Rottau, ☎ 0 86 41/27 73, Fax 14 19. Verkehrsamt, 83224 Grassau, ☎ 0 86 41/23 40, Fax 40 08 41. Über beide Ämter ist die Broschüre „Moor und Mensch" mit Wandervorschlägen für das Hochmoorgebiet zu beziehen.

Nach Reit im Winkl

In der Deutschen Alpensegelflugschule in **Unterwössen,** 10 km, sind nicht nur Passagiere, Flugschüler oder Piloten willkommen, sondern auch Zuschauer, die von der Terrasse des Selbstbedienungslokals (mit Kinderspielplatz) den Fliegern beim Starten und Landen zusehen können.

Gäste-Information, Rathauspl. 1, 83245 Unterwössen, ☎ 0 86 41/82 05, Fax 97 89 26.

Ein Abstecher (8 km) führt in das Tal der Ache zu der hoch über dem Gebirgsfluss thronenden **Streichenkapelle** (einzigartige spätgotische Ausstattung mit Wandmalereien).

Berggasthof Streichen, ☎ 0 86 49/2 65. Vom Biergarten des historischen Gasthofs am Fuß der Kapelle hat man einen schönen Blick auf die Chiemgauer Berge; Mo geschl. $

Reit im Winkl (2900 Einw.) und die *Winklmoosalm* (1160 m) verdanken ihre Berühmtheit vor allem der Olympiasiegerin und vielfachen Medaillengewinnerin Rosi Mittermeier, die hier aufgewachsen ist und wohnt. In einem weiten Talkessel gelegen, der den Blick nach Süden auf den Wilden Kaiser freigibt, bietet der heilklimatische Kurort ein weit verzweigtes Wander- und Spazierwegenetz. Das populäre Skigebiet gilt als ausgesprochen schneereich.

Verkehrsamt im Rathaus, 83242 Reit im Winkl, ☎ 0 86 40/8 00 20-21.

Beim Foidlmoar, Rathauspl. 8, ☎ 0 86 40/84 15. Denkmalgeschütztes Bauernhaus. $

Volksmusik-Künstler in Grassau am Chiemsee

Die Höhlenburg Stein an der Traun

Windbeutel aller Art gibt es in Ruhpolding

4
Seite 69

Nach Ruhpolding

Zwischen Reit im Winkl und Inzell verläuft die Deutsche Alpenstraße im Naturschutzgebiet Chiemgauer Alpen mit einem ihrer schönsten Abschnitte. Dicht treten die bewaldeten Bergwände an sie heran; wo sie zurückweichen, geben sie eine kilometerlange Seen- und Hochmoorplatte frei; schroffe Felsen zeichnen sich als silbergraue Silhouette vor dem Himmel ab. Mit dem Rauschberg (1645) hat man einen der schönsten Aussichtspunkte im Chiemgau und den Hausberg des nahen **Ruhpolding** (6400 Einw.) erreicht. Der Ort wirbt mit einem vielfältigen Sport- und Freizeitangebot. Das *Holzknechtmuseum* (im Ortsteil Laubau an der Deutschen Alpenstraße, ⌚ Di–So 13 bis 17 Uhr) erinnert an die vergangenen Jahrhunderte, als die Menschen hier noch vom Holz lebten, das sie für die Salinen schlugen. In den alten Forsthütten, „Holzerstuben" und einem zentralen Museumshaus wird gezeigt, wie die Holzknechte und ihre Familien lebten und arbeiteten, wo sie wohnten und welche Gerätschaften sie besaßen.

4

Seite 69

i Kurverwaltung, 83321 Ruhpolding, ☏ 0 86 63/88 06-0, FAX 88 06-20.

Tipp **Windbeutelgräfin,** Branderstr. 37, ☏ 16 85. Spezialität sind natürlich die Windbeutel; Di–So 11–18 Uhr. ($)

Über Siegsdorf nach Traunstein

Bevor die Route über *Inzell* nach Norden zur Autobahn führt, geht es etwa 2 km südlich der Abzweigung nach Inzell zum **Gletschergarten.**

Gletschergarten

Über einen bequemen Pfad gelangt man dicht an dieses Naturdenkmal heran, das 1936 im Zuge der Bauarbeiten an der Deutschen Alpenstraße unter einer Schicht von Geröllmassen freigelegt werden konnte. Ans Tageslicht kam nacktes Felsgestein, über das vor Jahrtausenden gewaltige Eismassen hinwegfrästen. Sie schliffen runde Höcker aus der Felsoberfläche und hobelten sie; das Schmelzwasser wusch Becken, Wannen und Töpfe aus.

Wer sich davon überzeugen möchte, dass das bayerische Wappentier einst tatsächlich in dieser Region gelebt hat, besucht in **Siegsdorf** das *Naturkunde- und Mammutmuseum* (⌚ Di–So 10 bis 17 Uhr, im Winter gekürzte Öffnungszeiten). Im Mittelpunkt der sensationellen Eiszeitfunde aus dem Siegsdorfer Raum stehen das vollständige Skelett eines Höhlenlöwen sowie das rekonstruierte eines Mammuts. Von der Mineraliensammlung bis zum Eiszeitdiorama informiert das Museum auch über die geologische Entwicklung des Chiemgaus und zeigt, wie der Chiemsee vor rund 15 000 Jahren entstanden ist.

Die große Kreisstadt **Traunstein** (17 500 Einw.) liegt zwischen Chiemsee und Salzburg und eignet sich daher ideal als Ausgangspunkt für die Fortsetzung der Tour in die Berchtesgadener Alpen und den Rupertiwinkel. Seit dem 14. Jh., als die Salzstraße von Reichenhall über Traunstein nach München verlegt wurde, begründete das „weiße Gold" Reichtum und Bedeutung der Stadt. Von der Salinensiedlung hat sich noch die * *Salinenkapelle St. Rupert* (17. Jh.) im Stadtteil Au erhalten.

i Tourist-Information, Stadtpark, 83278 Traunstein, ☏ 08 61/9 86 95 23, FAX 9 86 95 24.

Park Hotel, Bahnhofstr. 11, ☏ 6 90 41, FAX 85 12. Angenehmes Hotel, zentral. ($)

Schnitzlbaumer, Stadtplatz 13, ☏ 45 34. Solide bayerische Küche. ($)

Almhof bei Ruhpolding

Route 5

Berchtesgaden und Rupertiwinkel – Salz und himmelhohe Felswände

Berchtesgaden – Königssee – Obersalzberg – Kehlstein – Ramsau – Bad Reichenhall – Laufen – Waginger See – Tittmoning – Kloster Raitenhaslach – Burghausen – Altötting (130 km)

Ob Königssee, Watzmann oder Ramsau, schon seit der Romantik faszinierte diese Landschaft mit ihren dramatischen Felsabstürzen und dem König aller Bergseen unzählige Maler und Schriftsteller; später Fotografen, Berg- und Heimatfilmer. Andere hatten es auf das „weiße Gold" abgesehen, das dieser südöstlichen Region Oberbayerns seit dem frühen Mittelalter zu Wohlstand und Ansehen verhalf. Orte wie Berchtesgaden und Bad Reichenhall haben Salzgeschichte gemacht und profitieren heute noch von dem einst so wertvollen Mineral. Dass sich nicht nur von den Salzquellen und Salinen gut leben ließ, sondern auch vom Salztransport, zeigen die stattlichen alten Salzachstädte Laufen, Tittmoning und Burghausen. Die Route beschreibt von Berchtesgaden aus mehrere Ausflugsziele, führt dann über Bad Reichenhall nach Norden die Salzach entlang in den Rupertiwinkel.

Seite 81

* Berchtesgaden

An den mächtigen Gebirgsstöcken, die den lieblich-hügeligen Talkessel von Berchtesgaden (7700 Einw.) umrahmen – im Norden der Untersberg, im Osten der Hohe Göll, im Westen Hochkalter und Watzmann, im Süden die schroffen Zacken des Steinernen Meeres – kann sich niemand so leicht satt sehen. Ein Blick zurück: Augustiner Chorherren waren die ersten, die im 12. Jh. in die unwegsame Wildnis vordrangen, sie urbar machten und ein Stift gründeten. Sie sicherten sich die Rechte an den reichen Salzvorkommen, denn der Besitz von Salz bedeutete Macht und Wohlstand. Woanders war das „weiße Gold" knapp, aber jeder brauchte es zum Konservieren von Lebensmitteln. Tatsächlich schafften es die Pröpste des prosperierenden Stifts, dass ihnen der deutsche Kaiser auch noch den Reichsfürstentitel und damit die politische Unabhängigkeit zusprach. An den Grenzen lauerten schon die Neider: die benachbarten Salzburger Erzbischöfe und die Wittelsbacher. Nichtsdestotrotz konnte Berchtesgaden seine Unabhängigkeit unter den Fürstpröpsten bis zum 19. Jh. wahren. 1809 kam es zu Bayern.

Der Ortskern ist Fußgängerzone, daher bieten sich die Straßenzüge Nonntal und Marktplatz als Ausgangspunkt für einen Rundgang an. Hier finden sich die charakteristischen alpenländischen Häuser mit den vorspringenden flachen Giebeldächern und teilweise prächtigen Fassadenmalereien. Die Residenz der Fürstpröpste, heute **Schloss** genannt, ließen die Wittelsbacher im 19. Jh. zu ihrem Jagd- und Sommersitz ausbauen. Ein Teil der Privatgemächer beherbergt im ersten Stock das *Schlossmuseum* (🕓 tgl. außer Sa 10–13, 14–17 Uhr; 1. Okt. bis Ostern tgl. außer Sa, So u. Fei) mit einer Sammlung von Rüstungen, Waffen sowie wertvollen Kunstgegenständen. Über das Erdgeschoss gelangt man in den sehenswerten spätromanischen *Kreuzgang* der benachbarten Stiftskirche **St. Peter und Johannes,** die im 13. Jh. gotisch umgebaut wurde.

Tipp Wie das Salz aus dem Berg kommt, demonstriert das beliebte ***Salzbergwerk mit Salinenmuseum,** das in der Bergwerkstr. 83 an der Durchgangsstraße in Richtung Salzburg liegt. Die „Reise unter Tage" schließt eine Fahrt über einen Salzsee und eine Rutschpartie in Bergmannskleidung ein.

Kurdirektion, 83463 Berchtesgaden, Königsseer Str. 2, ☏ 0 86 52/96 70.

Pension Angerer, Berchtesgaden-Untersalzberg, Mieslötzweg 26, ☏ 0 86 52/41 59. Abseits gelegen, mit schönem Blick. $
Berggasthaus Vorderbrand, Vorderbrandstr. 91, ☏ 0 86 52/20 59. Abseits gelegen, bodenständige Wirtschaft. $

Hubertusstuben im Hotel Vier Jahreszeiten, Maximilianstr. 20, ☏ 0 86 52/50 26. Gediegen, gutbürgerlich. $$

Berchtesgaden vor der Kulisse des Watzmann

Berchtesgaden ist berühmt für seine prächtigen Fassadenmalereien

** Königssee

Schönau am Königssee ist ein idealer Ausgangspunkt für Wanderungen in den Alpen-Nationalpark. Die Jennerbahn bringt die Besucher schnell und bequem mitten in den Nationalpark.

zum Nationalpark Berchtesgaden: Nationalparkhaus, Franziskanerpl. 7, 83471 Berchtesgaden, ☏ 0 86 52/6 43 43. Informationsstelle im ehem. Bahnhof Königssee, 83471 Schönau am Königs-

*Nationalpark Berchtesgaden

Der Nationalpark um Königssee, Watzmann und Hochkalter umfasst mit seinen 210 km² Fläche nahezu die Hälfte des gesamten Berchtesgadener Landes. Die Hauptaufgabe des Nationalparks ist es, die Natur weitgehend sich selbst zu überlassen – was für das als „Wildniszone" bezeichnete Kerngebiet die Rückkehr zum Urwald bedeutet –, aber anders als seine nordamerikanischen Vorbilder muss der Park auch Teilgebiete tolerieren, die für Alm-, Forst- und Landwirtschaft oder für den Tourismus genutzt werden. Vom Ski- und Hausberg Berchtesgadens, dem *Jenner,* hat man einen herrlichen Blick auf den Königssee und die Berggipfel des Nationalparks. Von hier wie auch vom Königssee aus lassen sich bequeme Wanderungen in die zugänglichen Regionen des Schutzgebiets unternehmen.

5
Seite 81

see, ☏ 0 86 52/6 22 22 (◷ Mitte Mai bis Mitte Okt.).

Alpenhof, 83471 Schönau am Königssee, Richard-Voss-Str. 30, ☏ 0 86 52/60 20. Sporthotel, zwischen Berchtesgaden und Königssee mitten im Grünen. $$

Trotz des touristischen Ansturms hat der ** **Königssee** nichts von seiner Anziehungskraft verloren. Aus seinem tiefgrünen, glasklaren Wasser tauchen jäh, fast senkrecht die Felswände empor und rahmen den lang gestreckten See wie einen Fjord ein. An Bord eines Elektroboots gleitet man lautlos am *Malerwinkel* vorbei, von dem aus im 19. Jh. Scharen von Künstlern den klassischen Blick über den See auf das Steinerne Meer festgehalten haben.

Vorbei an der *Echowand* steuern viele Besucher das einstige Jagdschlösschen der Fürstpröpste mit der barocken Wallfahrtskirche *St. Bartholomä* an. Wegen ihrer originellen Zwiebelhauben und ihrer idyllischen Lage auf einer Landzunge vor den imposanten Felsabstürzen des Watzmann wurde sie zum millionenfach fotografierten Wahrzeichen des Berchtesgadener Landes.

5

Seite 81

Gaststätte St. Bartholomä. Schöne Einkehr im ehemaligen Schlösschen der Fürstpröpste und Wittelsbacher Könige, Spezialität: Saibling; Biergarten mit Blick auf die Watzmann-Ostwand. $$

Obersalzberg und Kehlstein

Mit **Obersalzberg** und **Kehlstein** verbinden die meisten Touristen den Namen Adolf Hitler. Seit 1935 wurde der Obersalzberg, nachdem die Bewohner zwangsweise das Feld räumen mussten, in eine Art Festung umgewandelt, wohin sich Hitler auf sein Landhaus, den „Berghof", zurückziehen konnte. 1952 wurden das Haus und alle Nebengebäude in die Luft gesprengt. Das Labyrinth der unterirdischen Gänge und Räume im Berg, das der Nazi-Prominenz im Krieg das Überleben sichern sollte, war bisher nicht zu besichtigen. In Zukunft soll der *Platterhof* zum Dokumentationszentrum umgebaut werden. Vom Obersalzberg aus geht es auf einer in den Felsen gesprengten engen Passstraße (hier verkehren nur die besonders schmal gebauten Busse, Mitte Mai–Mitte Okt.) zum Kehlstein-Parkplatz. Von dort gelangt man durch einen Stollen mit dem Lift zum *Kehlsteinhaus* (1834 m). Das ehemalige „Teehaus" – „ein Geschenk der Partei" an Hitler – ist seit 1951 ein Alpenvereinshaus mit Berggaststätte. Von der Terrasse bietet sich ein herrlicher Blick über das Berchtesgadener Land.

Ramsau und Hintersee

Die **Ramsau,** ein von Bergen umschlossener, einst abgeschiedener Talwinkel, und der gleichnamige Fremdenver-

Watzmann – sagenumwobener „Schicksalsberg"

Der Sage nach handelt es sich bei dem mächtigen Gipfelmassiv des Watzmann um eine versteinerte Königsfamilie. Ihr schauerliches Los hat sie ihrem Familienoberhaupt zu verdanken, das die ganze Gegend in Angst und Schrecken versetzte.

Als der Tyrann auf einer seiner wilden Jagden in den Wäldern wieder einmal seine grausame Unbeherrschtheit an einer wehrlosen Hirtenfamilie ausließ, da griffen höhere Mächte ein und ließen ihn samt seiner Frau und den fünf Kindern zu Felsgestein erstarren.

Für viele Bergsteiger ist die 1900 m hohe Ostwand des sagenhaften Bergs eine alpine Herausforderung. 1881 wurde sie erstmals bestiegen, neun Jahre später forderte sie ihr erstes Todesopfer.

kehrsort sind beliebte Ausflugsziele. Gleich am Ortseingang, an der Ache, steht die schindelgedeckte Pfarrkirche * *St. Fabian und Sebastian,* die einen hübschen Bergfriedhof mit alten Grabkreuzen aus dem 17. und 18. Jh. hat. Gleich hinter dem Dorf geht es nach *Kunterweg* zu der barocken *Wallfahrtskirche St. Maria,* die versteckt an einem bewaldeten Hang liegt. Hier stand eine kleine Kapelle, die 1731–33 durch den jetzigen Bau ersetzt wurde. Ein Barockidyll – wer vermutet schon hinter dem brav gemalten Deckenfresko im Langhaus ein Thema von solcher Brisanz: „Die Bekehrung der Ketzer" erinnert an ein dunkles Kapitel Kirchengeschichte. An die 1000 Protestanten mussten im 18. Jh. auf Befehl der lokalen Gralshüter der katholischen Kirche ihre Heimat verlassen und ins Exil gehen.

Hotel-Gasthof Nutzkaser, Am Gseng 10, 83486 Ramsau, ☎ 0 86 57/3 88 und 6 19. Etwas außerhalb des Ortes erhöht gelegen, mit gutem preiswertem bayerischem Restaurant. ($)

Wildromantisch liegt der **Hintersee** am Ende des Tales zwischen den Felsmassiven der Reiteralpe und des Hochkalters. Wenn sich auch noch die Berge im Abendrot auf dem Wasser spiegeln – unzählige Maler haben sich im 19. Jh. davon inspirieren lassen – ist das Naturidyll perfekt. Nicht von ungefähr kommt die Gegend rund um den Hintersee als Kulisse in vielen Ganghoferfilmen vor. Charakteristisch für den See sind die riesigen kantigen Felsblöcke, die am Ufer aus dem Wasser ragen. Vom Ruder- oder Tretboot aus kann man die imposante Gebirgslandschaft in aller Ruhe auf sich wirken lassen, denn auf den Spazierwegen rund um den See geht es besonders an den Wochenenden nicht immer so idyllisch zu. Für geübte Bergwanderer lohnt sich vom Hintersee aus der Aufstieg zur Blaueishütte (1750) zum *Blaueisgletscher,* dem nördlichsten Gletscher der Alpen.

5
Seite 81

Tipp Zwischen Berchtesgaden und Marktschellenberg steht am Eingang zur Almbachklamm die letzte **Marmorkugelmühle** Deutschlands, die noch in Betrieb ist. Solange Nachfrage bestand, konnten sich die ärmeren Bauern mit solchen Kugelmühlen, die es noch bis ins 19. Jh. hinein gab, über Wasser halten. Es hat immer noch etwas Faszinierendes, wenn die blankpolierten Marmorkugeln (Verkaufskiosk neben der Mühle) durch die Finger gleiten und man sich vergegenwärtigt, dass diese Handschmeichler ursprünglich kantige Marmorstückchen waren, die per Hand einigermaßen in Kugelform geschlagen und dann zwischen die Mahlsteine gelegt wurden.

* Bad Reichenhall

Ihren Aufstieg zum Staatsbad und führenden bayerischen Produzenten von Speisesalz verdankt die alte Salinenstadt (18 500 Einw.) der Sole. Hier strömt das salzhaltigste Quellwasser Europas, das bereits Kelten und Römer zu nutzen wussten, wenn auch nicht zu therapeutischen Zwecken. Kurz vor der Mitte des 19. Jhs. begann der Kurbetrieb in dem heutigen Luxushotel Axelmannstein. Die verschnörkelte Pracht, die sich auch an anderen Fassaden in dem alten Ortsteil um den Kurgarten finden lässt – beispielsweise am *Alten Kurhaus* –, macht keinen Hehl daraus, dass nur hierher kam, wer den gehobenen Gesellschaftsschichten angehörte.

* **St. Zeno** ist mit 90 m Länge die größte erhaltene romanische Kirche Bayerns. Aus der Zeit um 1200 stammt das stattliche rotmarmorne Westportal, das zwei grimmige Löwen bewachen.

Das Industriedenkmal **Alte Saline** beherbergt ein Salzmuseum, das über die Salzgewinnung bis in die heutige Zeit informiert. Hier sind auch die riesigen Wasserräder zu sehen, die die Sole zu Tage fördern, oder die kunstvollen Quellenfassungen (1507–09) des Erasmus Grasser, der eigentlich als Schnitzer und Steinmetz berühmt war, aber offensichtlich auch Talent zum Tiefbauingenieur hatte. (🕓 April–Okt. 10 bis 11.30, 14–16 Uhr; Nov.–März Di, Do 14–16 Uhr). Hautnah erleben, schmecken und inhalieren kann man das Salz im Gradierwerk, wo die Sole zu winzigen Tröpfchen zerstäubt wird, sowie in der Trinkhalle des Kurzentrums und im Solehallenbad und -freibad.

5
Seite 81

Die älteste Pipeline der Welt

Zum Versieden der Sole (des salzhaltigen Wassers) brauchte man als Feuerungsmaterial Holz, und das nicht zu knapp. Bald schon waren die Wälder rund um Bad Reichenhall abgeholzt. Weil es in Traunstein noch genug davon gab und es obendrein aufgrund der schlechten Straßenverhältnisse leichter war, das Salz zum Holz als das Holz zum Salz zu bringen, baute man Anfang des 17. Jhs. eine 30 km lange Soleleitung nach Traunstein und die neue Saline gleich dazu. Die Leitungen bestanden aus ausgehöhlten Baumstämmen, und mit Hilfe von Hebewerken und Pumpen konnte das Wasser an die 200 Höhenmeter überwinden. Später reichte die Soleleitung bis Rosenheim, da es dort außer Holz auch noch Torf als Brennmaterial gab.

Das Meisterwerk der Technik ging als „älteste Pipeline der Welt" in die Geschichte ein. An den Wander- und Spazierwegen entlang der ehemaligen Soleleitung sind noch ein Teil der über 300 Jahre alten Holzrohre und einige rekonstruierte Pumpwerke zu sehen.

Die Wanderkarte „Historische Salinenwege zwischen Watzmann und Chiemsee" ist über die Fremdenverkehrsämter Bad Reichenhall, Berchtesgaden oder Chiemsee (letzteres s. S. 71) zu beziehen.

Kur- und Verkehrsverein, Wittelsbacherstr. 15, 83435 Bad Reichenhall, ☏ 0 86 51/ 60 63 03, Fax 60 63 11.

Hofwirt, Salzburger Straße 21, ☏ 0 86 51/9 83 80-0. Angenehme Unterkunft, gute Küche, angemessene Preise. ($)

Kirchberg-Schlössl, Thumseestr. 11, ☏ 27 60. Tafeln im barocken Schloss: die mit einem Michelin-Stern gekrönte Küche verführt zu kulinarischen Genüssen. Warme Küche 11.30 bis 14, 18–22 Uhr. Mi geschl. ($)-($$)

Die Wallfahrtskirche Sankt Bartholomä am Königssee

Über Laufen zum Waginger See und Tachinger See

Wo die Berge nördlich von Bad Reichenhall enden, liegt der *Rupertiwinkel,* eine sanft hügelige Landschaft, die sich entlang der Salzach nach Norden erstreckt und die ihren Namen von dem Salzburger Bischof und Salzheiligen Rupertus hat.

Von **Laufen** (5800 Einw.) fuhren die Salzkähne die Salzach hinunter zum Inn bis Passau, wo das „weiße Gold" über die Donau bis in den Orient verfrachtet wurde. Die alte Schifferstadt auf der Halbinsel hat mit ihren Laubengängen das typische Gesicht einer Inn-Salzach-Stadt. Ihre Pfarrkirche *Mariae Himmelfahrt* von 1332 gilt als die älteste gotische Hallenkirche Süddeutschlands. Allein ihr Innenraum, schön in den Proportionen und nur durch runde oder achteckige Pfeiler unterteilt, ist schon eine Sehenswürdigkeit für sich.

Das berühmte Ramsau-Kircherl: St. Fabian und Sebastian

Waginger See und Tachinger See sind durch einen befahrbaren Brückendamm voneinander getrennt. Während sich *Waging* am gleichnamigen See schon früh zum Fremdenverkehrsort entwickelt hat, wobei der alte Ortskern

In der Marmorkugelmühle bei Marktschellenberg

5

Seite 81

mit seinen stattlichen Bürgerhausfassaden entlang des Marktplatzes noch gut erhalten ist, herrscht am stilleren Tachinger See fast noch ländliche Idylle. Von dem Hügel mit der kleinen Kapelle *St. Koloman* bei dem Dorf Tengling an der Nordspitze bietet sich ein traumhafter Blick über den See: umgeben von Wiesen und Wäldern, liegt er eingebettet in einer sanft welligen Hügellandschaft mit den Salzburger Alpen dahinter.

i Verkehrsamt, Salzburger Str. 32, 83329 Waging am See, ☎ 0 86 81/3 13, 📠 96 76.

Kurhausstüberl, Am See 1, ☎ 0 86 81/40 09 12. Feinschmeckerlokal des fernsehbekannten Veredelungskünstlers der regionalen Küche Alfons Schuhbeck; Mo/Di sowie Anf. Jan. bis Ende Feb. geschl., außer So nachmittags nur abends geöffnet. ($))

5

*Tittmoning

Seite 81

Wer aus dem verwunschenen Burghof heraustritt und den Weg über Zugbrücke, Stiege und die verwinkelten Kopfsteinpflaster-Gassen hinunter zum Stadtplatz einschlägt, kann sich des sympathischen Eindrucks nicht erwehren, durch eine Stadt zu gehen, die sich noch ein wenig im Dornröschenschlaf befindet. Kaum zu glauben, dass dieser beschauliche Ort (5700 Einw.) an der Salzach einst bitter umkämpfter Zankapfel zwischen Bayern und Salzburg war. Mit Argusaugen wachten die Salzburger Bischöfe, die sich hinter den Schießscharten und Mauern auf der Burg verschanzt hatten, über ihre lukrative Handelsniederlassung am Fluss; denn Tittmoning war jahrhundertelang Umschlagplatz für das Halleiner und Bad Reichenhaller Salz, das salzachabwärts geschafft wurde. 1816 erst kam die Stadt zu Bayern. Durch die Grenzziehung am Fluss geriet sie jedoch geographisch und wirtschaftlich ins Abseits, konnte so jedoch ihr altes Erscheinungsbild bis heute bewahren.

Plättenfahrten

Auf *Plätten*, Nachbildungen der mittelalterlichen „platten Salzkähne", kann man die Salzach an baumbestandenen Steilufern entlang von Tittmonig bis nach Burghausen befahren (ca. 1,5 Std.). Auskunft u. a. in Burghausen ☎ 0 86 77/24 35.

Dass es sich vom Salzhandel gut leben ließ, davon zeugen die stilvollen Bürgerhausfassaden, die lückenlos den ungewöhnlich weiträumigen **Stadtplatz** einrahmen. Goldglänzende Caesarenbüsten – sie schmücken das *Rathaus* (16./17. Jh.) – demonstrieren die römische Vergangenheit der Stadt. Die **Burg,** im 13. Jh. als Grenzbefestigung gegen Bayern errichtet, wurde Anfang des 17. Jhs. zum Jagdschloss für die Salzburger Fürstbischöfe umgebaut. Heute beherbergt sie das *Heimathaus des Rupertiwinkels* (🕓 Führungen Mai–Sept. tgl. außer Do um 14 Uhr).

i Städtisches Verkehrsamt, Stadtplatz 1, 84529 Tittmoning, ☎ 0 86 83/70 07-10.

Kloster Raitenhaslach

In der Flussbiegung taucht hoch über dem Salzachtal schon in der Ferne die *Wallfahrtskirche Marienberg* (1760–64) auf, während man bei einer Plättenfahrt unter ihr am **Kloster Raitenhaslach** (schöner Biergarten!) vorbeigleitet. Wer die Strecke mit dem Auto abfährt, sollte die Kirche dieses ältesten ehem. oberbayerischen Zisterzienserklosters besichtigen. Dezent raffen Engel den azurblauen Stuckvorhang über dem Chorbogen und geben den Blick frei auf die bombastisch-barocke Innenausstattung (1694–98, 1737–43), an der Rokokobaumeister Johann Baptist Zimmermann mitwirkte. Aber auch schon zur Feier des 600-jährigen Ordensjubiläums 1694 konnte das neue Gewand für die im Kern romanische Kirche nicht prunkvoll genug sein.

* Burghausen

Vom Wasser aus gesehen schiebt sich die Festung der Stadt (19 000 Einw.) wie ein riesiger Schiffsbug ins Blickfeld. Europas längste **Burganlage** (1034 m!) thront mit sechs hintereinander liegenden Höfen auf einem lang gezogenen Höhenzug über der Altstadt. Zwischen dem 12. und 15. Jh. im Auftrag der Landshuter Herzöge entstanden, besitzt die Anlage alles, was eine mittelalterliche Burg ausmacht: vom Palas (Hauptwohngebäude) über die Dürnitz (Aufenthaltsraum und Rittersaal) und die Kemenaten (heizbare Wohnräume für die Frauen) bis hin zum Bergfried und Pulverturm. An dieser Festung hätte sich jeder Feind die Zähne ausgebissen, weswegen sie auch nie belagert wurde, geschweige denn durch die Taktik des Aushungerns in die Knie gezwungen worden wäre. Waren doch die Burgbewohner vom Bäcker bis zum Bierbrauer die absoluten Selbstversorger. Die Herzöge wohnten nur kurz hier, ihre Gemahlinnen dagegen länger, als ihnen lieb sein konnte. So jene polnische Königstochter Hedwig, die Herzog Georg 1475 in der Landshuter Fürstenhochzeit ehelichte und ins Exil auf die Burg schickte, als er ihrer überdrüssig wurde. In enger Nachbarschaft mit den unglücklichen Frauen darbten in ihren Kerkern die politischen Widersacher der Herzöge.

Am Burgeingang befindet sich das *Fotomuseum*, ⏲ April–Okt. Mi–So 10 bis 18 Uhr. In den ehemaligen Wohnräumen ist neben der *Staatlichen Gemäldesammlung* (ganzjährig geöffnet, im Winter Mo geschl.) das *Stadtmuseum* untergebracht (⏲ Mitte März bis Ende April und Okt. 10–16.30 Uhr, Mai–Sept. 9–18.30 Uhr). Diese Sammlungen können auf eigene Faust besichtigt werden; die Außenanlagen auch im Rahmen einer Führung, ☏ 0 86 77/6 51 98.

Die sehenswerte **Altstadt** zieht sich unterhalb der Burg zwischen Burgberg und Salzach hin. Enge Gassen führen zum *Stadtplatz*, den imposante Haus-

Kurhaus und Kurpark von Bad Reichenhall

Laufen: Innenraum der Kirche Mariae Himmelfahrt

Das Kurfürstliche Regierungsgebäude, Burghausen

Seite 81

fassaden im Inn-Salzach-Stil säumen. Die Aufmerksamkeit zieht jedoch das **Kurfürstliche Regierungsgebäude** auf sich, das durch seine blaue Fassade und den türmchenbekrönten Giebel nicht nur standesgemäß aus dem Rahmen fällt, sondern seine offizielle Würde auch noch durch ein besonders prunkvolles Wittelsbacher Wappen unterstreicht. Einmal im Jahr swingt die Altstadt, wenn zu den *Internationalen Jazztagen* im Frühling Spitzenmusiker aus aller Welt ein begeistertes Publikum anziehen. Die wirtschaftliche Grundlage der „Jazz-Metropole" bildet jedoch die chemische Industrie, die auf der anderen Seite der Burg die gesichtslose Neustadt entstehen ließ.

Städtisches Verkehrs- und Kulturamt, Stadtplatz 112–114, 84489 Burghausen, ☎ 0 86 77/24 35, 📠 88 71 55.

Post, Stadtplatz 39, ☎ 0 86 77/9 65-0, 📠 9 65-6 66. Hotel-Restaurant mit Biergarten in einem fast 400 Jahre alten Bürgerhaus. ($$)
Salzburger Hof, In den Grüben 190, ☎ 0 86 77/91 10 00, 📠 91 10 01. Kleine Pension, zentral in der Altstadt. ($)

5
Seite 81

Altötting

Seit über 500 Jahren pilgern gläubige Katholiken in den Marienwallfahrtsort (12 800 Einw.) und rufen in den Stunden ihrer Not die Muttergottes um Hilfe. Und dass die Bitten erhört werden, zeigen zum Teil wunderschön gemalte Votivtafeln, die den Umgang der **Gnadenkapelle** auf dem Kapellplatz schmücken. In der Kapelle steht im Mittelpunkt der Verehrung das Gnadenbild der Schwarzen Madonna, eine geschnitzte Statuette, vor der sich gegen Ende des 15. Jhs. die ersten Wunder ereigneten, die die Wallfahrt auslösten. Von Anbeginn erwiesen auch die Wittelsbacher der Madonna ihre Reverenz. Davon zeugen nicht nur die kostbaren Votivgaben wie der „Silberprinz", den der Kurfürst Karl Albrecht zum Dank für die Genesung seines Sohnes stiftete, sondern auch die silbernen Urnen, in denen die bayerischen Herrscher posthum ihre Herzen bei der Madonna aufbewahren ließen.

Gegenüber der Gnadenkapelle steht die spätgotische Stifts- und Wallfahrtskirche **St. Philippus und Jakobus.** Sie birgt die Gruft mit dem Sarkophag des Feldmarschalls Tilly. In der *Schatzkammer* in der ehemaligen Sakristei thront eine Madonna in einer filigranen Blütenlaube aus Gold und Edelsteinen. Zu ihren Füßen knien der französische König und sein Marschall. Das edle Pferd davor gab dem Ensemble seinen Namen: „Goldenes Rössl" – ein Meisterwerk der Pariser Goldschmiedekunst um 1400.

Verkehrsbüro, 84503 Altötting, Kapellplatz 2 a, ☎ 0 86 71/80 68, 📠 8 58 58.

Zur Post, Kapellplatz 2, ☎ 0 86 71/50 40, 📠 62 14. Hotel gegenüber der kleinen Kapelle; hier kümmert sich schon mal der Wirt Gerold Tandler, ehemals bayerischer Finanzminister, persönlich um das Wohl seiner Gäste. ($$)
Plankl, Schlotthamerstr. 4, ☎ 0 86 71/65 22, 📠 1 24 95. Hotel der gehobenen Mittelklasse, Themenzimmer. ($$)

„Laufende" Bilder

Riesige Rundgemälde, so hoch wie eine Kinoleinwand, zogen bis zum Anfang des 20. Jhs. ein breites Publikum an. Ein solches *Panorama* steht in einem Rundbau am Gebhard-Fugel-Weg. Es entstand um die Jahrhundertwende und zeigt die „Kreuzigung Christi" vor der großartigen Landschaftsszenerie des Gelobten Landes. Wer sich auf dem zentralen Zuschauerpodest langsam einmal um die eigene Achse dreht, bringt die Bilder auf der 12 m hohen Malwand zum „Laufen". (🕓 März–Okt. 9–17, Nov.–Feb. Sa/So 10–13 Uhr.)

Noch mehr Oberbayern

Im Hopfenanbaugebiet der Hallertau

Seite 89

Der Norden

Allzu leicht wird vergessen, dass Oberbayern nicht nur aus München, einem seenreichen Voralpenland und den Bergen besteht. Noch mehr Oberbayern lässt sich zwischen München und dem Altmühltal entdecken. Reich an landschaftlichen und kulturellen Besonderheiten zeigt das sanft wellige Hügelland immer wieder ein anderes Gesicht: Jurafelsen und Reste des römischen Limes im Altmühltal, Hopfenfelder, soweit das Auge reicht, in der Hallertau, Spargelfelder rund um Schrobenhausen. Stille, abseits gelegene Dörfer mit schönen Kirchen wechseln mit einem kulturellen und wirtschaftlichen Ballungszentrum wie Ingolstadt, der zweitgrößten Stadt Oberbayerns nach München, oder einem barocken Stadtkleinod wie Eichstätt. Angesichts der flächenmäßigen Ausdehnung des Gebiets und der Vielfalt der Sehenswürdigkeiten musste eine Auswahl getroffen werden; einige der interessantesten Ziele stellen wir Ihnen hier vor.

Altötting, viel besuchter Wallfahrtsort

Ingolstadt

Wer vermutet schon hinter den Feuer spuckenden Schloten der Großraffinerien und dem Sitz einer wachstumsorientierten Automobilindustrie eine wunderschöne intakte Altstadt? Aber eben darum sollte man sich Ingolstadt (110 000 Einw.) anschauen. In der bayerischen Geschichte spielte es schon immer eine wichtige Rolle: Ende des 14. Jhs. stieg Ingolstadt zur Haupt- und Residenzstadt des Teilherzogtums Bayern-Ingolstadt auf. 1472 wurde in Ingolstadt die erste bayerische Landesuniversität gegründet, die in Humanis-

Ingolstädter Altstadt, hier die Ludwigstraße

mus und Gegenreformation mit den fortschrittlichsten Hochschulen Europas mithalten konnte. Ingolstadt galt über Jahrhunderte hinweg als die am besten befestigte Stadt Süddeutschlands; es sollte die Bayern vor Angriffen aus dem Norden schützen.

Seite 89

Ein reizvolles gotisches Backsteinbau-Ensemble bilden das **Kreuztor** – es ist das einzige Stadttor, das von der alten Befestigung übrig blieb – und das **Liebfrauenmünster.** Mit ihren beiden massigen, über Eck gestellten Türmen wirkt die Kirche von der nahen Stadtmauer her gesehen trutzig wie ein Bollwerk, tatsächlich diente sie im Kriegsfall auch der Verteidigung. 1425 im Auftrag von Herzog Ludwig dem Gebarteten begonnen, sollte das Münster im Chor dessen Hochgrab aufnehmen. Doch der Herzog wurde von seinem Sohn gefangen genommen und starb fernab von Ingolstadt im Kerker. Nach mehreren Bauunterbrechungen wurde die Kirche erst im 16. Jh. fertig gestellt: eine der größten spätgotischen Hallen der Zeit mit drei annähernd gleich hohen Schiffen. Kunstvollste Steinmetzarbeit lässt sich am „Himmel" der drei letzten Seitenkapellen bewundern: die Gewölberippen lösen sich vom Grund, fangen zu sprießen an und ragen wie Astwerk in den Raum.

Mit *Maria de Victoria* gab eine fromme Vereinigung zur Förderung der Marienverehrung, die Marianische Kongregation, einen Betsaal in Auftrag, den die Brüder Asam 1734 überaus glanzvoll ausstatteten. Besonders berühmt ist das Deckenfresko von Cosmas Damian Asam. Souverän spielte er mit unterschiedlichsten Perspektiven und Bildeinstellungen, in denen er ein vielschichtiges Thema – die Menschwerdung Gottes und die Ausbreitung des Christentums in allen Erdteilen – darstellte. (Di–So 9–12, 13–17 Uhr.)

Tipp Jeden Sonntag April bis Okt. finden im Liebfrauenmünster „Um Zwölf" Orgelmatineen statt – kostenloser Kunstgenuss vom Feinsten.

Ingolstadt war Bayerns Garnisons- und Militärstadt schlechthin. Daher bot sie sich nach dem Zweiten Weltkrieg auch als idealer Standort für das **Bayerische Armeemuseum** (Paradeplatz 4, Di bis So 8.45–16.30 Uhr) an. Die militärgeschichtlichen Sammlungen im Neuen Schloss (15. Jh.) der bayerischen Herzöge reichen von Kanonen und anderen schweren Geschützen bis hin zu Orden und Gala-Uniformen.

Vom Neuen Schloss führt eine Fußgängerbrücke zu Klenzes Bastionsarchitektur des 19. Jhs. auf der anderen Seite der Donau. Im Umfeld der klassizistischen Befestigungsanlage wurde 1992 die Landesgartenschau ausgerichtet, die Ingolstadt ein grünes Erholungsareal mit Park, den sogenannten **Klenzepark,** hinterließ. Zwischen Beeten und Biotopen lässt sich's schön spazieren gehen, und Kinder finden hier ein phantasievolles Spieldorf mit einem Regenbogen zum Anfassen und einem „Klangwerk" zum Klettern vor.

Im **Deutschen Medizinhistorischen Museum in der Alten Anatomie** (Anatomiestr. 18–20, Di–So 10–12, 14 bis 17 Uhr) kann man sich anhand der über 2000 Ausstellungsstücke eingehend mit der Geschichte der Medizin von der Antike bis zur Gegenwart befassen. Die Alte Anatomie der einst so berühmten Medizinischen Fakultät ist allein eine Sehenswürdigkeit für sich. Halb barockes Gartenschloss, halb anatomisches Theater, dokumentiert sie zugleich auch den Anspruch, mit dem die Medizin des 18. Jhs. nach außen hin auftrat.

Nur Fiktion

Dass Frankenstein an der Medizinischen Fakultät von Ingolstadt studierte und sein Monster von hier aus seinen Horrortrip durch halb Europa antrat, ist ebenso wie die Romanfigur eine Erfindung der englischen Schriftstellerin Mary Shelley.

Seite 89

Ingolstadt ist von München aus in etwa 50 Minuten mit dem Zug zu erreichen, wobei die schöne Fahrt durch das Hopfenanbaugebiet Holledau geht.

Fremdenverkehrsamt, Rathausplatz 2, 85024 Ingolstadt, ☏ 08 41/3 05 10 98.

Rappensberger, Harderstr. 3, ☏ 08 41/31 40. Sehr gutes Hotel mit ebensolcher Küche, in der Stadtmitte gelegen. ($)

Waldgasthof Zum Geländer, Geländer bei Eichstätt, ☏ 0 84 21/67 61. Familiär geführter Waldgasthof auf einer Waldlichtung. Mit Kinderspielplatz, Wildschweingehege, Rundwanderwegen in den Naturpark Altmühltal und Naturerlebnispfad; auch Gästezimmer. ($)

Weißbräuhaus zum Herrnbräu, Dollstr. 3, ☏ 08 41/3 28 90. Altbayerische Schmankerln, auch vegetarische Gerichte; Biergarten im Innenhof. ($)

Die Willibaldsburg hoch über Eichstätt

Eichstätt

Hier spürt man die leichte Hand italienischer Baumeister, die es meisterhaft verstanden, das Stadtbild mit eleganten Palazzi, noblen Kavaliershäusern und weiträumigen Plätzen zu gestalten. Vor allem durch Hofbaumeister Gabriel de Gabrieli erhielt die Bischofs- und Universitätsstadt (12 000 Einw.) ihre barocke Prägung. Auftraggeber waren die Fürstbischöfe, die hier bis zum Anfang des 19. Jhs. residierten.

Städtebaulich äußert sich das geistliche Übergewicht darin, dass sich die Fürstbischöfe gleich drei repräsentative Plätze anlegen ließen: um den *Domplatz* mit dem alles überragenden romanisch-gotischen **Dom,** den * *Residenzplatz* – die vielleicht schönste barocke Platzanlage Bayerns – mit dem **Diözesanmuseum,** der ehemaligen fürstbischöflichen *Residenz* und der Mariensäule in der Mitte und nicht zuletzt den *Jesuitenplatz* (17. Jh.) mit der **Jesuitenkirche.** Das bürgerliche Zen-

trum der alten Stadt dagegen hat als einzigen weiträumigeren Platz den Marktplatz, wobei auch hier die geistliche Note nicht fehlt, denn der Willibaldsbrunnen in seiner Mitte erinnert an den angelsächsischen Mönch, der im 8. Jh. hierher kam, um ein Kloster zu gründen, und dann Eichstätts erster Bischof wurde.

Seite 89

Auf der Führung durch die **Fürstbischöfliche Residenz** (Residenzplatz 1, Mo–Fr um 11 und 15 Uhr, Sa, So u. Fei halbstündlich 10–11.30, 14–15.30 Uhr) kann man die barocken Prunkräume und das Treppenhaus Maurizio Pedettis besichtigen.

Auf einem Bergrücken oberhalb Eichstätts thront die **Willibaldsburg,** von der schon die Fürstbischöfe den Blick über die Dächer der Stadt und das Altmühltal schweifen ließen. Vom 14. bis 18. Jh. diente sie als Bischofssitz. Als die Fürstbischöfe ihre Hofhaltung in die Stadt verlegten, begann der Niedergang der Burg. Inzwischen wurde sie renoviert und beherbergt zwei Museen:

Das **Jura-Museum** führt in die erdgeschichtliche Urzeit vor rund 150 Millionen Jahren, als im Donauraum Korallenriffe wuchsen und es im Jura-Meer von Haien und Krokodilen nur so wimmelte. Einen Schwerpunkt der Sammlungen bilden die Fossilien der weltberühmten Solnhofener Plattenkalke, die in den Steinbrüchen der Umgebung abgebaut werden. Vom Krebs bis zum riesigen Raubfisch, von der zartflügeligen Libelle bis zum Urvogel Archaeopteryx reicht die Palette der Lebensformen, die das Urmeer und seine Ufer bevölkerten. In den Aquarien-Räumen lassen sich „lebende Fossilien" aus der heutigen Tierwelt bewundern, die ihren versteinerten Artgenossen frappierend ähnlich sehen. Die Ausstellung ergänzt eine Multivisionsschau „Die Entwicklung des Lebens".

Das **Ur- und frühgeschichtliche Museum** dokumentiert die Besiedlungsgeschichte des Altmühltals, angefangen bei den eiszeitlichen Jägern bis zu den Kelten, Römern und Germanen. (🕓 der Museen: April–Sept. Di–So 9–12, 13 bis 17, Okt.–März 10–12, 13–16 Uhr.) Im **Bastionsgarten,** der auf den Prunkgarten von Fürstbischof Konrad von Gemmingen (1592–1612) zurückgeht, sind ca. 650 Pflanzenarten (nach Jahreszeiten geordnet) zu bestaunen (🕓 Di bis So 9–12, 13–17 Uhr).

Verkehrsamt, Kardinal-Preysing-Pl. 14, 85072 Eichstätt, ☎ 0 84 21/79 77 und 67 17.

Adler, Marktplatz 22–24, 85072 Eichstätt, ☎ 0 84 21/67 67. Schönes Haus (17. Jh.) am Marktplatz, Frühstücksbüffet mit Vollwertkost und Bio-Ecke, ausgezeichnet mit einer Umweltmedaille. $$

Klosterstuben, Pedettistr. 26, 85072 Eichstätt, ☎ 0 84 21/35 00 und 75 73. Rustikal eingerichteter Gasthof, zentral, ruhig gelegen, gutbürgerliche Küche. $

* Naturpark Altmühltal

Das Gebiet des *Naturparks Altmühltal* lag im Küstenbereich des urzeitlichen Jura-Meeres. Abgestorbene Pflanzen und Tiere sanken auf den Meeresgrund und wurden mit Kalkschlamm zugedeckt. Die wertvollste Versteinerung ist das Skelett eines Archaeopteryx. Seit 1992 ein Arbeiter beim Steineklopfen zufällig auf das 7. und bislang letzte Exemplar dieses Urvogels gestoßen ist, herrscht in den Steinbrüchen richtige

Fossilienfieber

Fossiliensammler können sich in *Eichstätt-Blumenberg* (3 km westlich der Stadtmitte) in einem öffentlichen Steinbruch auf die Suche nach Versteinerungen begeben. Werkzeug kann beim nahe gelegenen Fossilienmuseum Bergér (auch Fossilienkauf möglich) in Harthof ausgeliehen werden. Weitere Auskünfte: ☎ 0 84 21/98 80-0.

„Goldgräberstimmung“. Ganze Familien packt das Fossilienfieber. In den freigegebenen Steinbrüchen darf jeder kostenlos nach Versteinerungen suchen.

Zu den weiteren Attraktionen des Naturparks gehören die spektakulären Ausgrabungen aus der Römerzeit. Kastelle, teilweise mit Tor und Wachturm, und ein Gutshof wurden rekonstruiert sowie eine Thermenanlage freigelegt. Nirgends in Deutschland ist der Limes so gut nachzuweisen wie an der Altmühl. Über zwei Jahrhunderte lang diente er als nördliche Grenzbefestigung des römischen Weltreiches.

Kultur und Natur laden zum Entdecken ein. So lässt es sich in der wunderbar abwechslungsreichen Landschaft auch ideal wandern, klettern, radeln oder Kajak fahren.

i Naturpark Altmühltal, Notre Dame 1, 85072 Eichstätt, ☎ 0 84 21/9 87 60, FAX 98 76 54.

* Neuburg an der Donau

Wer von Norden in das Donautal hinabfährt, sieht schon von weitem das prächtige Renaissance- und Barockschloss der Stadt (29 000 Einw.) auf dem Jurafelsen über dem Fluss. Mit ihren Giebeln, Kuppeln und Türmen hebt sich die historische Oberstadt als eindrucksvolle Silhouette vor dem Horizont ab. In prominenter Nachbarschaft zur Residenz und Hofkirche prunken die Adelspalais und Patrizierhäuser.

Den Anfang seiner großen Blütezeit erlebte Neuburg 1505, als es Hauptstadt des neuen Fürstentums „Junge Pfalz“ wurde. Die kunstsinnigen Pfalzgrafen führten ihre Residenzstadt dann in der Folgezeit, über drei Jahrhunderte lang, durch eine wahre Glanzzeit. Allen voran Ottheinrich, der 1521 Oberitalien kennen gelernt hatte und das **Schloss** (🕓 Di–So 10–17 Uhr) bauen ließ. Ottheinrich verkörperte den weltoffenen Renaissancemenschen, der gerne reiste und sich von der neuen Repräsentationsarchitektur aus Italien anregen ließ.

Der Kreuzgang des Diözesanmuseums in Eichstätt

Seite 89

900-jährige Buche im Altmühltal

Neuburg an der Donau: Schloss

So entstand an der Stelle der bescheidenen mittelalterlichen Burg eine imposante Vierflügelanlage um einen *Arkadenhof.* Sein persönliches Denkmal schuf sich Ottheinrich mit der *Schlosskapelle,* die der Salzburger Künstler Hans Bocksberger 1543 mit Fresken ausmalte. Es handelt sich um ein ausgeklügeltes protestantisches Bildprogramm, denn der Pfalzgraf war ein Anhänger der neuen lutherischen Lehre. Unter seiner Regentschaft wurde Neuburg protestantisch, doch schon mit Ottheinrichs Nachfolger hatte der Katholizismus wieder das Sagen. Mitte des 17. Jhs. steigerte Pfalzgraf Philipp Wilhelm die Schlossanlage durch An- und Umbauten ins Monumentale; der riesige viergeschossige Osttrakt mit seinen Rundtürmen beherrscht noch heute das Stadtbild. Zu den Attraktionen zählen die 1990 wieder hergestellten *Schlossgrotten.* Mit ihrer Tuffsteinverkleidung, gläsernen Stalaktiten und dem überreichen Dekor aus echten und künstlichen Muscheln stellen sie eine architektur- und kulturgeschichtliche Rarität in Bayern dar. (Alle zwei Jahre, das nächste Mal 2001, findet Ende Juni/Anfang Juli das Schlossfest statt.)

Seite 89

Gästeinformation, Residenzstraße, 86633 Neuburg an der Donau, ☎ 0 84 31/5 52 40 und -2 41, Fax 5 52 42.

Bergbauer, Fünfzehnerstr. 11, ☎ 0 84 31/4 70 95. Freundliches, neu gestaltetes Haus, Restaurant mit Spezialitäten der Saison. $–$$

Arco-Schlösschen, Wiener Caféhaus und Restaurant, Arco-Str. 18, ☎/Fax 70 55. Französisch-italienisches Flair, wunderschöner Blick von der Gartenterrasse über die Donauauen auf das Schloss; Mo geschl. $$

Altstadt-Café, Amalienstr. 44, ☎ 27 86. Café-Restaurant mit behaglicher Atmosphäre, auch Vollwertgerichte, einige Fremdenzimmer. $

In den Donauauen, 6 km östlich von Neuburg, liegt idyllisch das **Jagdschloss Grünau,** das mit seiner trutzigen Mauer, runden Ecktürmen und dem Graben eher wie eine Burg aussieht. In den Auwäldern ging einst Pfalzgraf Ottheinrich auf die Pirsch. Seine Leidenschaft teilte seine Gemahlin Susanna, für die er ab 1530 das Schloss errichten ließ (nur von außen zu besichtigen).

Schrobenhausen

Die Stadt (15 700 Einw.) ist das Zentrum des größten bayerischen Spargelanbaugebiets. Die Spargelsaison (Ende April bis Ende Juni) lockt alljährlich die Gourmets in die historische Altstadt. Wer das königliche Gemüse nicht mit Messer und Gabel, sondern mit den Fingern isst, verstößt durchaus nicht gegen die Tischsitten – das und vieles mehr erfährt man im **Europäischen Spargelmuseum.** Auf drei Etagen informiert die Ausstellung über Anbau, Botanik und Geschichte des Gemüses. Dem Spargel in der Kunst ist ein eigenes Stockwerk gewidmet. (Am Hofgraben 3, ☎ 0 82 52/70 13 und 9 02 14; ⌚ Juli–Sept. Di–So 14–16, Okt. bis 14. April Mi, Sa, So 14–16 Uhr.)

Berühmtester Sohn der Stadt ist der Maler Franz von Lenbach. Sein Elternhaus beherbergt heute das **Lenbachmuseum** (⌚ w. o.) mit zahlreichen Werken und einer Dokumentation zum Leben des Künstlers. Der Maurermeisterssohn avancierte zum gefragtesten Porträtisten seiner Zeit. Als junger Mann soll er häufig zu Fuß von Schrobenhausen in die Münchner Pinakothek zum Studium der Alten Meister gegangen sein.

Spargel als Liebestrunk

So richtig auf den Geschmack dieser Edelstangen kam der Mensch erst im 16. Jh. Vorher stand die medizinische Wirkung des Spargels im Vordergrund, und aus seinem Saft wurde so mancher Liebestrunk gebraut.

Stadtverw., Lenbachplatz 18, 86529 Schrobenhausen, ☎ 0 82 52/9 02 14, Fax 9 02 25.

Grieser, Bahnhofstr. 36, ☎ 0 82 52/8 94 90. Restaurant der gehobenen Klasse; Sa/So geschl. $
Zum Schimmelwirt, Aichacher Str. 21, ☎ 76 09. Außerhalb der Spargelsaison ist frische Forelle eine Spezialität des Hauses; warme Küche 11–14, 17.30 bis 21 Uhr, Sa Ruhetag. $–$
Zur Post, Lenbachplatz 9–10, ☎ 20 75. Gutbürgerliche Küche; Mo geschl. $

Wenige Kilometer vor Schrobenhausen lohnt es sich, in **Sandizell** einen Halt einzulegen. Hier steht eine der schönsten * *Dorfkirchen* Altbayerns. Der berühmte bayerische Bildhauer Egid Quirin Asam hat 1747 den Hochaltar von *St. Peter* geschaffen. Vom Gegenlicht umstrahlt, thront der Apostelfürst unter einem riesigen Baldachin. Wild gestikulierend setzen sich die beiden Namenspatrone des gräflichen Stifterpaares in Szene. Die Grafen von Sandizell sind schon seit einem Jahrtausend in dem gleichnamigen Dorf zu Hause. 1750 ließen sie an der Stelle der alten Wasserburg ein neues Schloss erbauen.

Maria Birnbaum

Schon im Grenzbereich nach Schwaben, nahe bei Aichach, steht die originelle barocke Wallfahrtskirche *Maria Birnbaum*, die mit ihren Kuppeln und goldglänzenden Turmspitzen einen Hauch von Exotik in die von Kuhweiden und Ackerfluren geprägte Landschaft zaubert. Die Forschung nimmt an, dass der ungewöhnliche Bau auf den Entwurf eines experimentierfreudigen und höchst begabten Dilettanten zurückgeht, wobei dieser dann mit der Ausführung einen Mann vom Fach beauftragte. Für die feine Stuckierung des Innenraums zeichnet der Wessobrunner Mathias Schmuzer verantwortlich. Der Birnbaum der Gründungslegende – oder das, was davon übrig blieb –, ist hinter dem Altar zu besichtigen.

Seite 89

Beim Schlossfest in Neuburg

Im Schrobenhausener Spargelmuseum

Die markanten Kuppeln von Maria Birnbaum

Praktische Hinweise von A–Z

Behinderte

Ein ausführliches Verzeichnis mit Adressen von behindertengerechten Transportmöglichkeiten, Unterkünften etc. erhält man vom *Tourismusverband München-Oberbayern* (s. u.). Weitere Informationen zu diesem Thema geben auch die örtlichen Fremdenverkehrsämter.

Bergnotsignal

Drei kurze und drei lange optische oder akustische Signale (Rufen, Pfeifen, Lichtsignale etc.), jeweils gefolgt von einer einminütigen Pause, mehrfach wiederholt. Ein Antwortsignal von drei Zeichen pro Minute bedeutet, dass der Notruf wahrgenommen wurde.

Bergwacht

Der alpine Rettungsdienst des Deutschen Alpenvereins hat ein dichtes Netz von Melde- und Rettungsstellen in Oberbayern eingerichtet.
Bergwacht (Alpiner Rettungsdienst): ☎ 0 89/92 41-1.

Information

Tourismusverband München-Oberbayern e.V., Bodenseestr. 113, 81243 München, ☎ 0 89/82 92 18-0, Fax 82 92 18 28.

Für Informationen speziell zum München-Aufenthalt ist das *Fremdenverkehrsamt München*, 80313 München, ☎ 0 89/2 33 03-00, Fax 2 33 03-2 33, zuständig.

Informationen für Ausflüge in die Berge erhalten Sie von der *Alpinen Auskunftsstelle* (Deutscher Alpenverein), Praterinsel 5, 80538 München, ☎ 0 89/29 49 40.

Literaturhinweise

Oskar Maria Graf, *Aus dem Leben meiner Mutter*, Bd. 5 der Werkausgabe, hrsg. v. Wilfried F. Schoeller, List-Verlag München.

Hans F. Nöhbauer, *Auf den Spuren König Ludwigs II.*, Prestel-Verlag München (Zitat auf S. 38 verwendet).

Notruf

Polizei 1 10;
Feuerwehr 1 12.

Öffentliches Verkehrsnetz München

Die öffentlichen Verkehrsmittel (S-, U-, Straßenbahn, Busse) sind im Münchner Verkehrs- und Tarifverbund (MVV) zusammengeschlossen. Die Münchner S-Bahnen bieten Verbindungen bis weit ins Umland hinaus.

Informationen über den MVV sowie Fahrpläne erhalten Sie unter ☎ 0 89/ 23 80 30 oder im Fußgänger-Untergeschoss des Hauptbahnhofs und des Marienplatzes (Mo–Fr 9–20, Sa 9–16 Uhr).

Wichtige Rufnummern

Kassenärztlicher Notfalldienst 0 89/55 77 55.
Apotheken-Notdienst: 59 44 75.
Pannendienste: ADAC 0 18 02/ 22 22 22; ACE 1 92 16;
DTC 8 11 12 12.

Zeitungen

Überregionale Presse gibt es außer in München auch in den anderen größeren Städten Oberbayerns. Wer auch bei seiner Zeitungslektüre nicht auf Lokalkolorit verzichten will, hat die Wahl zwischen den Tageszeitungen *Süddeutsche Zeitung* und *Münchner Merkur* sowie den Boulevardausgaben *Abendzeitung* und *tz*.

Register

Orts- und Sachregister

Personenregister